철학자가 된 셜록 홈즈

현대 심리철학으로의 모험

철학자가 된
셜록 홈즈

현대 심리철학으로의 모험

리브 김 지음

새물결플러스

늘 다르게 생각할 수 있도록 격려해주신

부모님께 감사드립니다.

차례

감사의 말

독일 유학 생활을 마치고 귀국하자마자 곧바로 강의 준비, 논문 작성, 대중 강연 등으로 고된 작업 시간을 견뎌야 했다. 감사하면서도 고된 하루하루가 이어졌다. 밤 9시에 일과를 마치고 침대에 누우면, 특별한 시간이 찾아왔다. 홈즈와 왓슨을 만나는 마법의 시간이! 당시 나는 그들과 함께 웃었고, 고민했으며, 통쾌해했다.

그러나 이 특별한 시간은 다른 사람들의 요구와 도움이 없었다면 내게 이처럼 빨리 찾아오지 못했을 것이다. 가장 먼저 새물결아카데미와 새물결플러스의 김요한 대표님께 감사드린다. 귀국한 지 얼마 되지 않았을 때, 대표님께서는 새물결아카데미에서 일반인을 위한 심리철학 입문 강좌를 할 수 있도록 허락해주셨다. 대중 강좌를 진행하면서, 나는 국내에 한국어로 된 심리철학 입문서가 턱없이 부족하다는 사실을 절실히 느끼게 되었다. 나는 독일어와 영어 원서로 심리철학을 자연스럽게 접했기 때문에, 만일 당시 입문 강좌를 통해 사람들의 지적인 열망과 한국어 입문서에 대한 요구를 직접 느끼지 못했다면, 이 책은 나오지 못했을 것이다. 유영성 실장님께서는 더 좋은 책을 위해 나에게 유익한 조언을 해주셨고, 또 멋진 삽화로 책의 매력을 더해주셨다. 미처 생각하지 못했던 부분을 지적해준 편집자

8

김태윤 선생님께도 감사드린다.

학부 과정 동안 제게 큰 관심을 가져주신 울산대학교 철학과 은사님들에게 감사를 드린다. 특히 김보현 교수님께 감사드리고 싶다. 제대로 아는 것도 없이 열정만 가득하던 치기 어린 나에게 독일 유학을 제안하셨고, 그 후 지속적으로 관심과 애정을 보여주셨다. 한 명의 몽상가를 철학자로 만들어준 독일의 대학에 감사드린다. 특히 브레멘Bremen 대학교의 잔트퀼러Hans Joerg Sandkuehler 교수님과 본Bonn 대학교의 슈투르마Dieter Sturma 교수님께 감사드린다. 잔트퀼러 교수님은 내가 브레멘 대학교 학사 과정에 있을 때 상당한 철학적 자극을 주셨다. 나의 박사논문 지도 교수인 슈투르마 교수님은 한 사회에서 철학자가 무엇을 할 수 있고, 또 해야만 하는지를 가르쳐주신 나의 영원한 롤 모델이다.

오랜 세월 인내하시며 뒷바라지해주시고 격려해주신 부모님께 감사하다는 말을 전하고 싶다. 연구와 강의에 전념할 수 있도록 배려해준 장모님과 장인 어르신, 그리고 피아니스트인 아내에게도 감사의 인사를 전한다. 마지막으로 인간이 태어나고 성장해가는 과정의 경이로움을 만끽하게 해준 아들에게도 감사의 말을 전하고 싶다.

2018. 2.

리브 김

프롤로그: 셜록 홈즈가 사는 세계

- 1 -

이 모든 이야기는 단 하나의 가정에서 시작된다. 당신으로부터 몇 밀리미터 앞에 평행우주가 있다.* 그리고 그 평행우주의 한 행성인 쌍둥이 지구에 셜록 홈즈가 살고 있다. 형이하학의 영역에 통달한 한 남자가 그곳에서 형이상학의 영역을 엿보려 한다.

- 2 -

심리철학philosophy of mind이란 소위 심신 문제mind-body problem, 즉 전통적으로는 영혼과 신체의 관계를, 현대적으로는 의식과 두뇌

---

* "각 이론을 보면 우리의 우주는 '훨씬 큰 전체'의 일부이며, 다양한 우주는 서로 분명하게 구별되는 특징을 갖고 있다. 어떤 이론에서는 평행우주들이 방대한 시간이나 공간을 경계로 우리 우주와 분리되어 있는가 하면, 다른 이론에서는 평행우주가 우리와 불과 몇 밀리미터 거리에서 진행되기도 한다. 심지어는 평행우주의 위치를 논하는 것 자체가 무의미한 이론도 있다.", 브라이언 그린, 『멀티 유니버스』, 박병철 옮김, 김영사, 2012, 17쪽.

의 관계를 탐구하는 형이상학*의 한 분과이다. 심신 문제는 이미 고대 그리스 철학자들을 시작으로, 중세와 근세의 철학자들에 의해 탐구되어 왔다. 예를 들어 플라톤은 「파이돈」에서 영혼과 신체가 본질적으로 다른 존재라는 점을 논증하고자 했고, 데카르트는 비물질적인 영혼이 어떻게 물질적인 신체와 결합할 수 있으며 서로 인과적 영향력을 주고받을 수 있는지에 대한 문제에 골몰했다. 하지만 느낌, 생각, 회상 등과 같은 정신적인 능력이나 현상들이 어디서 나오는지 알게 되기까지는 오랜 세월이 걸렸다. 자연학을 통해서 2천 년 동안이나 서구 지성사에 영향력을 행사했던 그 위대한 철학자 아리스토텔레스조차도 마음은 심장에 있고 뇌는 심장의 온도를 식혀주는 역할을 한다고 생각했다. 고대 그리스의 의학자인 히포크라테스는 이런 능력들이 모두 두뇌에서 나온다는 것을 알았지만 경험 과학적인 증

---

* 캐롤(J.W. Carroll)과 마코시언(N. Markosian)은 『형이상학 입문』에서 형이상학을 1) 어원학적 접근, 2) 큰 그림 접근, 3) 예제를 통한 접근으로 설명한다. 어원학석 접근에 따르면, 형이상학(Metaphysics)이란 용어의 기원은 아리스토텔레스 사후 270년 경인 기원전 1세기에 안드로니쿠스에 의해 아리스토텔레스의 저작들이 편찬되는 과정에서 아리스토텔레스가 "제일철학"이라고 명명했던 저작을 자연학(Physica) 뒤에(meta) 위치시키면서 비롯되었다. 큰 그림 접근에 따르면, 형이상학은 개별과학과 달리 존재일반을 다룬다. 가령, 개별과학이 돌고래의 생물학적 특징이나 항성의 생성과 소멸을 다룬다면, 형이상학은 실재의 본성을 다룬다. 이 경우 형이상학은 존재론(Ontology)을 의미한다. 예제를 통한 접근은 형이상학이 구체적으로 다루는 물음들을 열거하는 방식으로 형이상학이 무엇인지 보여준다. 이에 따르면, 형이상학은 "시간의 본성은 무엇인가?", "마음과 신체의 관계는 무엇인가?", "원인과 결과의 관계는 무엇인가?", "자유의지는 존재하는가?", "인격 동일성의 기준은 무엇인가?" 등을 다루는 철학의 분과이다. 이 세 접근은 서로가 밀접하게 연관된다고 할 수 있다.

거들을 제시하지는 못했다. 뇌 안을 촬영할 수 있는 장치가 없던 시대에 뇌와 마음 혹은 의식의 관계를 연구하기 위해서는, 피실험자가 살아 있는 상태에서 일단 뇌를 관찰해야 하기 때문에 신경과학이 더디게 발전할 수밖에 없던 이유가 쉽게 이해된다.

- 3 -

두말할 필요 없이 제1, 2차 세계대전은 인류 역사상 엄청난 비극이었다. 하지만 두 번의 세계대전은 의학의 발전을 가능하게 했다. 더 강력해진 소총의 관통력으로 인해 적의 머리에 총알이 관통될 뿐 생명은 위협하지 못하는 일이 발생했다. 뇌의 일부가 파괴되었음에도 불구하고 생명을 건진 병사들이 애초에 가졌던 특정한 정신적인 능력이 상실되는 경우가 보고되기 시작했다. 그런 수많은 사례를 통해서 의학자들은 정신적 능력이 두뇌라는 신체 기관의 활동과 밀접한 연관을 맺고 있다는 확신을 하게 되었다.

- 4 -

19세기 중반부터 유럽을 중심으로 발전해 오던 신경과학은 1980년대에 컴퓨터 단층촬영CT과 자기공명영상법MRI이 상용화되면서 급속도로 발전하게 된다. 신경과학은 두뇌 안을 정교하게 살펴볼 수 있는 영상장치의 도움과 수많은 실험 및 임상적 사례들을 통해서 인간의 정신 현상이 특정한 두뇌 부위의 활동의 결과물이라는 점을 더 이상 의심할 수 없는 사실로 만들어주었다. 신경과학의 발전과 함께 대략 1960년대부터 심신 문제를 현대의 언어 분석적 방법론으로 다루는 분석적 심리철학이 영미권의 철학자들을 중심으로 급격하게 발전하기 시작한다. 특히 두 편의 논문, 곧 플레이스U.T. Place의 "의식은 두뇌의 과정인가?"(1956)와 스마트J.J.C. Smart의 "감각과 두뇌 과정"(1959)은 마음의 상태가 신경적 상태와 동일하다는 소위 심신 동일론을 선보이면서 이후 분석적 심리철학의 발전에 큰 영향을 미치게 된다.

- 5 -

심리철학은 구체적으로 어떤 물음을 다루는가? 심리철학이 다루는 물음은 대략 다음과 같다.

• 심신 문제 및 이원론과 일원론 논쟁
 a) 영혼은 존재하는가? 영혼이 존재한다면, 신체와는 어떤 관계

에 있는가? 영혼은 어떻게 신체에 명령을 내릴 수 있는가?

b) 감정, 느낌, 믿음과 같은 마음의 상태들은 무엇인가? 현대 신경과학의 연구결과에 의하면, 두뇌의 특정 부위가 손상되면, 특정한 정신적 능력이 상실된다. 그렇다면 마음의 상태는 두뇌의 신경 화학적 상태에 불과하다는 말이 아닌가?

c) 마음의 상태와 신경 화학적 상태는 동일한가? 만일 아니라면, 어떻게 이 둘은 다른가?

더 넓게는 다음과 같은 물음도 중요하다.

◆ 자유의지와 책임 귀속성의 문제

a) 자유의지는 무엇인가? 우리를 포함한 자연 내의 모든 것은 물리적 입자들로 구성된 물리적 대상이며, 그런 한에서 물리 법칙에 종속되므로, 자유의지는 환상에 불과한가?

b) 우리가 의지적 자유를 향유하지 못한다면, 우리의 행위에 대해 칭찬하거나 비난하고, 심지어 처벌할 수 있는가? 만일 물리적인 세계 내에 자유의지가 있다면, 그것은 도대체 어떻게 가능한가?

◆ 행위와 행위자의 문제

a) 행위는 무엇인가? 행위도 사건의 일종인가? 만일 그렇다면 물

리적 사건과 동일한가, 아닌가?

b) 어떤 존재가 행위자일 수 있다면, 그 조건은 무엇인가?

• 정신적 인과의 문제

a) 나의 믿음, 욕구 등과 같은 마음의 상태는 그 자체로 어떤 인
과적인 힘을 행사하는가? 아니면 두뇌 작용이 만들어낸 물리
적 현상에 불과한가?

• 인격 동일성의 문제

a) 고대의 철학자들이 간파했듯이, 시간이 흐르면서 모든 물질적
인 사물은 변화한다. 나 역시도 그러하다. 그럼에도 나는 과거
의 나와 지금의 내가 동일한 나라고 생각한다. 과연 내가 동일
하다는 것을 설명해주는 객관적인 기준이 있을까? 있다면, 그
기준은 도대체 무엇인가?

- 6 -

위의 물음들은 과학이 답할 수 없는 질문이다. 그것은 자연에 대한 탐
구를 초월한 물음, 즉 형이상학metaphysics의 물음이다. 만일 심리철
학이 인간은 본질적으로 생물학적 유기체인지 아니면 영혼과 신체의

결합체인지, 자유로우며 책임을 물을 수 있는 존재인지 등을 묻고 답하는 분과라면, 결국 심리철학은 하나의 궁극적인 물음을 건드리고 있다고 할 수 있다. 그 궁극적인 물음은 바로 "인간이란 무엇인가?"이다.

독일의 철학자 칸트I. Kant는 『칸트의 논리학: 강의를 위한 교본』 서문에서 네 개의 물음을 언급한다. 그중 세 개의 물음은 "1) 나는 무엇을 알 수 있는가? 2) 나는 무엇을 행해야만 하는가? 3) 나는 무엇을 희망해도 좋은가?"이다. 이 물음들은 각각 형이상학, 도덕, 종교의 영역에 해당한다고 칸트는 보았다. 그는 일련의 저작들을 통해서 이 물음들에 답을 제시했고, 칸트의 생각은 오늘날까지 영향력을 행사하고 있다. 하지만 칸트는 위의 책에서 또 다른 물음 하나를 던지고 있다. 바로 "인간이란 무엇인가?"이다. 이 물음은 철학적 인간학의 영역에 속하며, 앞의 세 물음이 궁극적으로 연결되는 마지막 물음이다.

칸트의 영향을 받아 독일 철학계를 중심으로 철학적 인간학이 발전했지만, 신경과학이 발전한 오늘날 고전적인 철학적 인간학의 영향력은 약화되었다. 인간이란 무엇인지에 답하기 위해서는 당대의 개별과학적 연구 성과를 반영해야만 하기 때문이다. 따라서 칸트가 던진 궁극적인 물음에 답하기 위해서는 현대 신경과학과 현대 심리철학의 연구 성과에 대한 고려는 선택이 아닌 필수라고 할 수 있다.

이처럼 심리철학이 영미권과 독일어권의 철학계에서 가장 중요한 분과로 연구되어 왔음에도 불구하고 국내의 독자들에게는 여전히 생소하기만 하다. 심리철학이 심리학과는 아무런 연관이 없다는 사실을 아는 사람조차 드물 정도다. 하지만 신경과학의 발전을 더 이상 거스를 수는 없다. 신경과학은 앞으로 계속해서 우리 인간의 생물학적 특성에 대한 연구 성과를 내놓게 될 것이다. 이런 연구 성과는 우리 인간을 철저히 생물학적인 존재, 물질적인 존재로 보게 만든다. 그렇다면 우리는 도대체 무엇인지에 대한 근본적인 물음은 우리에게도 중요하다. 우리 인간을 어떻게 보느냐에 따라, 즉 어떤 인간관을 택하느냐에 따라, 교육에 대한, 또는 법적 처벌의 목적에 대한 이해가 달라질 것이며, 심지어 정책의 방향성에도 영향을 미치게 될 것이다. 이렇게 중요한 물음을 우리가 질문하지 않고, 단지 신경과학이나 로봇공학 혹은 인공 지능과 같은 과학 기술에만 투자한다면, 결국 이 사회는 쏟아지는 신경과학적 연구 결과 앞에서 인간의 정체성과 또한 자연 내에서 인간의 지위에 대해 대대적인 혼란을 겪게 될 것이다.

심리철학이 이토록 중요하고, 현재 활발히 연구되고 있음에도 불구하고, 국내에 심리철학을 알리는 일은 녹록지 않았다. 제대로 된 입문서도 많지 않은 상황에서 괜찮은 입문서 번역 작업은 대중성이 없다는 이유로 많은 출판사의 거절을 받아야만 했다. 그러나 심리철학을 알고자 하는 많은 사람들의 부탁과 그 눈빛을 외면할 수 없었다. 그래서 감히 심리철학 입문서를 직접 쓰기로 결심했다. 이 책은 어느 정도의 철학적 배경 지식과 원서 독해 능력을 갖춘 전공자를 위한 책이 아니다. 오히려 철학에 관하여 문외한일지라도 보다 깊은 논의를 이해할 수 있도록 도와주는 일종의 가교 역할을 하기 위해 이 글을 썼다. 코난 도일의 셜록 홈즈 시리즈를 일독한 독자라면 이 책을 더 재밌게 읽을 수 있을 것이다. 이 책은 단순한 철학 입문서가 아니라 셜록 홈즈의 61번째 이야기이기 때문이다.*

- 8 -

셜록 홈즈가 실제로 살고 있는 이 쌍둥이 지구는 어떤 곳일까? 그곳은 우리 지구와 거의 구분할 수 없을 정도로 비슷한 진화의 과정을 겪었다. 우리 지구에서처럼 생명체가 출현하고, 결국 호모 사피엔스가 출현해서 쌍둥이 지구를 정복했다. 어느 시점에 거대한 피라미드가 건설되었고, 알파벳과 기하학이 등장했으며, 마침내 철학적 사유가 신화적 사유를 몰아내기 시작했다.

두 행성의 스토리는 마치 두 개의 시계처럼 거의 동일하게 진

---

* 코난 도일이 쓴 셜록 홈즈 시리즈는 모두 60편으로 구성되어 있다.

행되었다. 그러나 몇 가지 점에서 두 행성이 반드시 동일한 행성은 아니라는 사실을 알 수 있다. 우선, 지구에서 코난 도일Sir Arthur Ignatius Conan Doyle이 만들어낸 추리소설의 주인공 홈즈와 왓슨이 쌍둥이 지구에는 실제로 살고 있다. 그리고 쌍둥이 지구의 경우 산업혁명이 좀 더 늦게 일어났다. 제2차 세계대전은 1963년에야 발발했다. 홈즈가 태어나던 해이기도 하다. 제2차 세계대전의 피해가 너무 커서 1990년대까지도 유럽과 미국은 전쟁의 그늘에서 제대로 벗어나지 못했다. 결과적으로 홈즈가 명탐정으로 명성을 떨치던 80년대와 90년대의 영국 런던은 경제적 어려움과 정치적 불안정 속에서 범죄로 몸살을 앓고 있었다. 코난 도일의 소설에 등장하는 사건들이 다른 우주에서는 실제로 일어났다. 그러나 전적으로 동일한 사건이라고 말하기는 힘들 수도 있다. 즉 두 지구는 마치 오래되어 색이 바래버린, 같은 모양의 두 스티커와 같다고 볼 수 있다. 전체적으로는 비슷하지만, 세부적으로는 조금씩 다르기 때문이다.

2010년 홈즈는 탐정 일에서 완전히 손을 떼고, 이스트 서식스*의 해안 마을로 거처를 옮긴다. 그러나 2년도 안 되어 양봉을 하거나 약초를 연구하는 일에 질려버렸다. 그러던 중 여름 휴가차 방문한 왓슨으로부터 신경계를 연구하는 의사들의 모임인 〈인간연구〉에서 발표된 한 논문에 대해 듣게 되고, 이는 홈즈의 정신을 크게 뒤흔들어

---

* 이스트 서식스(East Sussex)는 영국의 주이다.

놓는다. 결국 홈즈는 자신의 지성이 더 쇠퇴하기 전에 일련의 형이
상학적 문제들을 해결하기 위해 런던으로 돌아온다. 바로 베이커 가
221b번지로!

> 새로운 암호, 복잡한 화학 분석이 있다면 내게로 모두 가져다주게. 그러
> 면 내 본 모습으로 돌아갈 수 있을 거야. 내겐 끝없는 정신노동이 필요해.
> 그럼 흥분제 따윈 필요 없을 거야. 단조롭게 반복되는 일상은 싫어. 그래
> 서 난 언제나 특별한 자극을 찾게 되지.*

과연 홈즈가 보게 되는 것은 무엇일까? 선택받은 지성만이 엿볼
수 있는 자연의 본모습일까? 아니면 어떤 날카로운 지성의 칼날도
처참하게 부서뜨리고 마는 시커먼 심연일까?

– 9 –

나는 열다섯 살이 되던 무렵 당시 신학을 공부하시던 외삼촌 방에서
우연히 『철학하는 방법』(서광선 외 지음, 이화여자대학교출판문화원)이
란 책을 읽으면서 세계에 대한 경이로움을 체험하고 전문 철학자가

---

* 코난 도일, 『네 개의 서명』 중에서.

되기로 결심했다. 그렇지만 누구나 지적인 경이로움에 사로잡힐 수 있다. 나는 철학 강의를 하기 전에, "모든 인간은 천성적으로 알기를 원한다"는 아리스토텔레스의 말을 늘 되새겨보곤 한다. 삶의 여러 어려움 속에서도, 우리 모두는 경이로움에 사로잡힐 수 있는 능력을 갖고 있다. 이 책이 독자의 마음 깊은 곳에 잠자고 있던 맹수와도 같은 지적인 충동을 일깨워줄 수 있기를 바란다.

이제 심리철학으로의 모험은 쌍둥이 지구에 살고 있는 홈즈 Sherlock Holmes와 왓슨John H. Watson에게 맡기기로 하겠다.

주요 등장인물

◆ 셜록 홈즈

더 이상의 말이 필요 없는 천재적인 탐정. 어느 날 탐정 일을 그만두고 홀연히 자취를 감춘다. 그리고 무성한 소문을 뒤로 한 채 왓슨과 함께 "눈에 보이지 않는 범인들"을 쫓기 시작한다. 과연 그가 악의 화신 모리아티 교수와의 두뇌 싸움에서 형이상학의 승리를 선포할 수 있을까?

◆ 왓슨 박사

홈즈 없이는 못 사는 남자. 최신 신경과학과 철학의 연구 동향을 홈즈에게 알려주면서 홈즈가 숨겨왔던 새로운 능력을 발휘하도록 돕는다. 나이가 들어도 홈즈에게 칭찬을 받으면 으쓱해하는 모습은 변함없다. 새로 생긴 학회인 <인간연구>에서 존경받는 중견 학자로 맹활약한다.

◆ 해밀턴 목사

중절모를 쓴 거구의 남자. 홈즈가 명탐정으로 활약할 때 속마음을 털어놓을 수 있었던 극소수의 인물 중 한 사람으로 알려져 있다. 한밤 중 다리 부상을 입은 홈즈를 방문해 영혼에 대해서 대화를 나눈다. 홈즈가 종교에 귀의하도록 끊임없이 자극한다.

◆ 스윈번 경

보수파의 수장. 젊은 시절 바닷바람이 거센 헬골란트 섬의 초원을 홀로 거닐다가 강렬한 종교적 체험을 한 이후에 열렬한 유신론자가 된 노학자다. 급진파에 맞서 영혼의 존재를 주장하며, 정신의 인과력을 증명하고자 한다.

◆ 로크 경

스윈번 경의 절친. 영혼의 존재를 부정하면서 스윈번 경과 갈등을 일으키게 된다. 로크 경은 영혼에 대한 가정 없는 새로운 인간론을 주창하고자 하는데….

◆ 플레이스

서른두 살의 젊은 외과의사. 마음의 상태는 곧 두뇌 안의 신경적 상태와 동일하다는 "동일이론"과 함께 급진파의 상징으로 혜성처럼 등장한다.

◆ 퍼트남

급진파에 속하지만 스윈번 경, 네이글 등과 함께 플레이스의 동일이론에 큰 타격을 주게 된다.

◆ 킴

동양에서 온 청년이라는 것 외에는 알려진 바가 많이 없다. 정신의 인과력을 인정하려는 스윈번 경의 시도를 공격하면서 서서히 이름을 알리기 시작한다.

◆ 올슨

급진파의 신진학자. 인간은 본질적으로 살아 있는 유기체이며, 우연적으로만 인격이라는 주장으로 소위 "동물주의"를 선보인다.

◆ 로스

장래가 촉망되는 젊은 신경과학자. <인간연구>의 콜로키움에 초대를 받아 강한 결정론을 지지하는 발표를 하려고 했지만 불쑥 방문한 정체불명의 남자인 비트겐슈타인에 의해 방해를 받는다.

◆ 허드슨 부인

홈즈의 친한 친구이자 하숙집 주인. 나이가 들어 고향으로 내려가 머리 부상을 입은 남동생 윌리엄스 씨를 돌보며 여생을 보낸다.

◆ 레이첼 양

허드슨 부인의 둘째 딸. 홍차와 마들렌, 그리고 상냥한 미소로 홈즈와 왓슨을 반겨 준다. 아름다운 그녀에게 늘 슬픈 그림자가 따라다니는 이유는 홈즈가 연애와 결혼을 혐오한다는 데 있다. 정말로 홈즈는 젊고 아름다운 그녀에게 전혀 마음이 없는 걸까?

◆ 비트겐슈타인

정체불명의 억만장자로서 독일계 영국인. 가끔 학술회장에 나타나 발표자에게 무례할 정도로 많은 질문을 던지고는 사라진다. 겨울이면 스윈번 경의 저택을 방문해서 철학적 토론을 벌이곤 하는 걸로 알려져 있다.

◆ 잭 더 리퍼

런던의 밤거리에서 약 2개월 동안 최소 다섯 명을 잔인하게 살해한 연쇄 살인마로, 홈즈가 현역 때 잡지 못했던 극소수의 범인 중 한 명이다.

◆ 모리아티 교수

홈즈마저도 두려워했던 악의 화신. 라이헨바흐 폭포에서 홈즈와 격투를 벌이기도 했다. 악을 흠모하는 모리아티 교수의 정체는 무엇인가? 과연 그의 악행에도 종말이 올 것인가?

해밀턴 목사의 첫 번째 편지

친애하는 홈즈 씨에게

홈즈 씨, 여러 지인들에게 당신의 행방을 물었지만 허사로 돌아갔기에 편지를 보냅니다. 예전처럼 당신이 이 편지를 읽을 수 있게 되기를 바랄 뿐입니다.

사실 얼마 전 왓슨 씨의 친구로부터 당신이 본격적으로 탐정을 그만두고 형이상학적 문제에 골몰하고 있다는 소문을 들었습니다. 지금까지 마음이 힘들 때면, 늘 당신은 한밤중에 저를 몰래 찾아오곤 했지요. 물론 그 사실은 저와 하나님 외엔 아무도 모를 것입니다. 그런 당신에게 왜 이토록 오랫동안 연락이 오지 않는 것입니까? 우선은 죽을 병에 걸려 고통 받고 있는 건 아니라고 믿겠습니다.

만일 당신이 정말로 형이상학적인 문제에 몰두하고 있다는 게 맞다면, 그런 이유 때문에 저를 멀리하고 있는 건 아닌지요? 당신은 내게 언젠가 탐정을 그만두게 된다면 종교에 귀의하고 싶다는 말을 한 적이 있지요? 저는 당신의 그 말을 가슴 깊이 간직하고 있습니다. 저는 당신의 그 짧은 말 속에서 하나님의 위대한 계획을 엿보았다고 믿었기 때문입니다. 그래서 저는 당신과 함께, 하나님을 믿지 않을 뿐만 아니라 종교는 사회의 악이므로 없어져야 한다고 믿는 무신론자들에 맞서, 하나님의 위대하심과 그 사랑을 전하고자 하는 소망 아닌 소망을 품기도 했습니다. 하나님의 말씀은 듣지 않아도, 홈즈의 말은 듣지 않을까 하는 생각 때문이었습니다.

그런데 당신은 제게 아무런 연락도 없이 사라졌습니다. 어떤 사람들은 "홈즈가 창조주의 비밀을 엿보려 하다가 미쳐버렸다!"라고 말하고, 또 다른 사람들은 "홈즈가 영혼의 존재를 부정하고 인간의 고귀함을 짓밟는 사상을 발표하려고 한다!"라고 말합니다. 이게 전부 사실입니까? 당신은 불을 지르고 다니는 자들에게 주어지는 벌이 무섭지도 않습니까?*

당신이 농담처럼 말하곤 했듯이, 차라리 네스호에 호수 괴물을 찾으러 간 것이거나 아마존 밀림에 빅풋Big Foot**을 찾으러 간 것이라면 좋겠습니다! 궁극적 실재를 엿보려는 시시포스Sisyphos의 시도가 아니라면 좋겠습니다!

홈즈 씨, 하나님을 믿으면 그런 위험한 길을 걸을 필요가 없습니다. 만일 당신이 세상의 헛된 지식의 유혹에 빠져 있는 것이라면, 하루 빨리 그 손아귀에서 벗어날 수 있게 되기를 기도합니다. 하나님을 아는 지식이 최고의 지식입니다. 그 지식은 오직 하나님의 은혜로 우리에

---

* 프리드리히 니체, 『짜라투스트라는 이렇게 말했다』, 정동호 옮김, 책세상, 2000, 13.
** 아메리카 대륙에 출몰한다는 인간처럼 생긴 수수께끼의 동물.

게 주어집니다. 제가 무슨 말을 하려는지 당신도 이미 알고 있을 것입니다. 내면의 목소리에 귀를 기울이세요. 그 목소리를 따라가세요.

하루 빨리 건강한 모습으로 만날 수 있기를 기도합니다. 제 교회로 찾아오세요.

당신의 친구 해밀턴 목사로부터

누군가 치통을 앓고 있다는 건 무엇을 의미할까?
치통이라는 성질을 갖고 있는 영혼이 있다는 말일까?
그러나 영혼은 눈에 보이지 않는다.
만일 영혼이라는 가정을 버린다면,
다른 사람의 마음을 어떻게 아는 걸까?
또 그건 무슨 뜻일까?
수많은 사람들의 심중을 꿰뚫어본 홈즈는
이제 다음처럼 묻고자 한다.

"타인의 마음의 상태를 안다는 건 무슨 뜻일까?
어떻게 그것을 알 수 있을까?"

1장

왓슨, 대담한 제안을 하다

내 눈은 진정한 감별사의 눈이지.
고도로 훈련된 탐정은 변장한 범인도 단번에 알아보는 법이거든.

- 『배스커빌 가의 개』 중에서

새로운 범인

새벽부터 가을비가 내렸다. 홈즈는 아침 9시가 다 되어서야 비로소 일어나야겠다고 결심했다. 창문을 열고 비 냄새를 맡고 싶었다. 그러나 홈즈는 창문을 가리고 있는 커튼 사이로 비 내린 거리를 슬금 훑어보더니 맞은 편 카페에 앉아 있는 남자가 창문 쪽을 힐끗힐끗 쳐다보고 있다는 사실을 금세 눈치챌 수 있었다. 홈즈는 이내 그가 신문 기자라는 사실을 알아차렸다.

아마도 현재 런던에서 가장 흥미로운 루머 다섯 개를 꼽는다면, 다섯 개 모두 홈즈에 관한 루머일 것이다.

홈즈가 죽을병에 걸려 오늘내일하고 있다.
너무 많은 범죄 사건을 보고 난 나머지 미쳐버렸다.
회심을 하여 수도원으로 잠적했다.
미스터리한 생명체를 찾아 세계 일주를 하고 있다.
런던 경시청이 홈즈의 능력을 질투해서 탐정을 그만두도록 협박했다.

하지만 홈즈는 그런 루머에 개의치 않았다. 또한 홈즈 스스로는 탐정을 그만두었다고 생각하지도 않았다. 다만 범인이 달라졌을 뿐이다. 새로운 범인들은 눈에 보이지 않는다. 그들은 살인을 저지르지도, 강도를 일삼지도 않았다. 그들의 유일한 죄는 그들이 뛰어난 지

성인들을 지금까지 보기 좋게 농락해왔다는 것이다. 홈즈의 타고
난 호기심과 승부욕을 자극하기에는 이 사실만으로도 충분했다. 그
런 점에서 어떤 사람들의 추측처럼, 홈즈는 수많은 범죄에 치여 지치
거나 심신이 쇠약해진 것이 아니다. 오히려 자신의 한계를 시험하기
위해 자신의 능력을 극한까지 끌어올리고자 한다.

오렌지를 한 조각씩 떼어 입에 넣으면서, 홈즈는 왓슨이 어제 보
여준 쪽지를 다시 찬찬히 살펴본다.

친구, 만일 영혼이 없다면? 그 골치 아픈 존재가 없다고 가정해보세. 즉
나에게 일어나는 모든 일이 단지 자연적인 사건에 불과하다면, 다른 사람
의 마음을 안다는 건 결국 무엇을 의미하겠는가? 그 사람이 보여주는 일
련의 행동들이 그 사람의 마음을 표현해주는 것 아니겠는가? 누군가 치
통을 느끼고 있다는 건 결국 얼굴을 찡그리거나, "아…"라고 신음을 내
거나, 손으로 얼굴을 만지거나 하는 일련의 특정한 행동들로 나타나지
않는가? 그렇다면 치통을 느끼는 주체, 즉 영혼이라는 가정이 굳이 필요
할까?

왓슨은 자신이 이런 추측을 했다고 말했다. 탐정을 그만두고 나
서 홈즈는 왓슨으로부터 많은 정보를 수집해왔다. 그것은 신경생리
학자들과 심리학자들로 구성된 학술 모임인 〈인간연구〉에서 발표된
최신 신경과학적 연구 결과에 대한 내용이었다. 그러나 왓슨의 이런

추측은 과학적인 연구와는 그 성격이 달랐다. "타인이 어떤 마음 상태를 가진다는 것은 무엇인가?"라는 물음은 일반 과학자들에게 고려 대상이 아니었다. 본시 신경과학자들은 인간의 두뇌에 대한 해부학적 구조를 연구하거나, 신경 세포들을 현미경으로 관찰하거나, 보고 듣고 말하는 등과 같은 정신적 능력을 담당하는 두뇌의 부위가 어디인지를 알아내려고 한다. 그런데 최근에는 "인간의 정신은 무엇인가?", "정신은 신체와 별개의 것인가? 그렇다면 정신과 신체는 어떤 관계인가?", "영혼은 존재하는가?", "자유의지는 존재하는가?", "정신도 인과적인 영향력을 행사할 수 있는가? 만일 그렇다면, 그 힘의 정체는 무엇인가?", "우리는 본질적으로 무엇인가? 유기체인가? 아니면 어떤 본질적 능력을 가진 존재, 즉 인격인가?" 등과 같은 내용을 질문하는 분위기가 형성되고 있다. 이 물음들에 대답하기 위해서 과학적인 연구 결과가 중요한 증거로 사용되기는 하겠지만, 그럼에도 이런 물음들은 그 자체로 직접적으로 과학적 탐구의 대상이 아니다. 이 물음들은 자연에 대한 탐구를 넘어서는 형이상학의 문제들이다.

한때 홈즈는 "이 자는 심신미약 상태에 있었는가?"라고 물었지만, 이제는 "자유의지는 무엇인가?"라는 질문을 던지려고 한다. 한때 홈즈는 "범인은 어떤 방법으로 밀폐된 공간에서 피해자를 죽음에 이르게 했는가?"라고 물었지만, 이제는 "A가 B의 원인이 된다는 것 혹은 A가 B를 일으킨다는 것은 무슨 뜻인가?"라고 묻고자 한다. 한때 홈즈는 "범인이 노인으로 분장을 했다면 이 집 어딘가에는 분장용 가발

이 있지 않을까?"라고 물었지만, 이제는 "시간이 흐름에도 불구하고 한 사람이 이전과 동일한 사람이라면, 그 동일성을 확보해줄 객관적인 기준은 어떤 것일까?"라고 묻고자 한다.

수많은 사건을 접하고 또 해결하면서 홈즈는 감각과 경험을 통해 추론할 수 있는 영역에서 스스로 만족할 만한 업적을 쌓았다고 생각했다. 하지만 이제 운명의 시간은 감각과 경험을 넘어선 추론과 논리의 영역으로 홈즈를 초대했다. 홈즈는 담담히 그 초대에 응했다.

왓슨이 남긴 쪽지를 읽고서 홈즈는 제법 괜찮은 추측이라고 생각했다.

'영혼을 가정하지 않고도 타인의 마음을 설명하는 방법이라…나쁘지 않은 추측이군, 친구…그런데 자네 생각은 아닌 것 같은데….'

홈즈는 좁은 커튼 사이로 비가 내리는 거리를 응시하며 생각에 잠겨 들었다. 어떤 사람이 보여주는 행동만으로 심리상태와 그가 처한 상황을 추측하는 일은 홈즈에게 이미 익숙한 일이었다. 홈즈는 맞은편 1층 카페에 앉아 있는 신문 기자를 관찰하기 시작했다.

'나이로 보니 신참이군. 경험도 일천하구만. 노련한 기자였다면 굳이 이쪽을 쳐다보지 않더라도 테이블에 놓인 물이 담긴 유리잔으로도 이쪽을 확인해볼 수 있었을 텐데…몸을 웅크린 채로 왼쪽 다리를 떨면서 두 손으로 커피 잔을 잡고 홀짝거리며 마시는 걸 보니 카페가 문 열기 전부터 비 오는 거리에 잠복해 있었던 모양이로군. 추위와 초초함에 지쳐 있군. 커피를 마시면서 테이블에 올려놓은 수첩을 쳐다보는 모습을 보니 써야 할 기사가 많은 것 같은데…떠밀려 유령 같은 인간을 취재하러 왔으니…가여운 친구여 힘내시게나.'

홈즈는 벽난로에 불을 붙였다. 그리고 검은 가죽 소파에 깊숙이 등을 대고 앉았다. 그를 찾아오는 의뢰인은 없었다. 하지만 이제부터 눈에 보이지 않는 범인을 잡아야 한다. 누군가는 그 범인을 잡다가 죽임을 당했고, 누군가는 실성했으며, 누군가는 종교적 체험을 했다.

'특정한 감정, 느낌, 생각과 같은 마음의 상태들은 자연 내에 존재하는 것일까? 아니면 왓슨의 쪽지가 말해주듯, 단지 존재하는 것은 행동들뿐일까? 마음의 상태를 안다는 건 곧 특정한 행동들에 대해 관찰하고 보고할 수 있다는 것과 똑같은 건 아닐까? 그렇다면 마음이나 심지어 영혼에 대한 가정은 불필요한 것은 아닐까?'

노련한 연기자

저녁 7시 반이 되자 왓슨이 홈즈를 찾아왔다. 오른손엔 빗물이 뚝뚝 떨어지는 비옷을, 왼손엔 바게트, 사과, 오렌지를 담은 봉투를 들고서 말이다.

"내가 의뢰한 사건은 진전이 좀 있었는가?"

소파에 앉아서 능청스레 신문을 보고 있는 홈즈에게 왓슨이 미소를 띠며 물었다. 쉰 중반이 다 된 왓슨의 눈은 어린아이의 그것처럼 반짝거렸다.

"우선 한 가지 확실한 점은 말이야…그건 자네가 의뢰한 사건이 아니네."

"전설적인 탐정 홈즈 씨가 어째서 그런 결론에 도달했는지 감히 물어봐도 되겠나?" 왓슨은 장난스런 미소를 띠며 말했다.

"이유는 아주 간단하네. 자네는 절대로 영혼의 존재를 의심할 만한 인물이 아니기 때문일세." 홈즈는 그렇게 말하고는 왓슨에게 윙크를 했다.

"정답은 맞췄는데…추론의 근거가 많이 부족하군. 어쨌든 탐정 일에서 손을 뗀 것은 아주 탁월한 결정이었네." 두 사람은 유쾌하다는 듯 웃으며, 저녁 식사를 준비했다.

왓슨과 홈즈는 바게트, 캐비어, 연어 샐러드, 오렌지로 저녁 식사를 하며 토론에 빠져들기 시작했다. 왓슨은 며칠 전 〈인간연구〉 모임에서 영혼의 존재를 강력히 부정하는 몇몇 의사들과 토론을 했다고 말했다. 그 의사들은 영혼 가설을 버리고, 그 대신에 마음의 상태를 안다는 것과 그것을 설명한다는 것이 무엇인지에 대해 새로운 대안을 내어놓았는데, 쪽지의 내용은 그 핵심을 요약해놓은 것이라고 설명했다.

"우선, 영혼이 있다면 그 정체가 무엇인지에 대해서는 묻지 말도록 하지. 왜냐하면 내가 보기에는 문제를 더 간단하게 만들 수 있기 때문이야. 즉 타인의 심리 상태를 어떻게 설명할 수 있는지에 대해서만 생각해보자는 말일세. 자네는 그 답으로, 누군가가 보여주는 일련의 행동을 통해 그의 심리 상태를 알 수 있다는 의견을 제시했네."

"맞아. 실은 나도 하나 이상의 문제가 얽혀 있다는 느낌은 들었지만, 그게 정확히 뭔지는 몰랐네. 자네 말을 듣고 보니 털실의 엉킨 부분이 정확히 보이는군."

"그렇지. 설령 그가 보여주는 일련의 행동을 통해 타인의 심리 상태를 설명할 수 있다고 할지라도 그 일련의 행동을 일으키는 배후가 무엇인지에 대한 물음은 남아 있네. 물론 자네 같은 사람은 그 배후에 영혼이 있다고 믿는 것이고. 내 말은, 타인의 마음을 읽고 설명하는 문제는 영혼의 문제와는 별개로 다뤄질 수 있다는 것이네."

왓슨은 동의한다는 듯 고개를 몇 번 끄덕이면서 마지막 남은 바게트와 연어 한 점을 먹어치웠다. 그는 콧수염 사이로 간신히 보이는 입을 닦으면서 말을 이었다.

"새삼스런 얘기지만, 자네 덕분에 정말로 많은 범죄 사건과 용의자들을 알게 되었어. 그리고 어느 순간부터 나도 사람들이 어떤 특정한 상태에 있을 때, 특정한 성향dispositions을 보인다는 사실을 알게 되었네. 가령 순간적으로 거짓을 말하는 사람은 보통 눈 깜박임이 잦고 시선을 피하려고 하지. 그건 무의식적인 반응이라, 통제할 수 없는 종류의 반응이네. 물론 내게 가장 친숙한 행동 패턴은 홈즈가 무료할 때 보이는 행동의 성향이기도 하지!"

"그런 성향도 있나?"

"있고말고. 우선 내가 아는 셜록은 소파에 누워 팔을 떨어뜨렸다가 가슴에 얹고 또 다시 떨어지게 하는 이상한 의식을 치르지. 마치 자신의 신체에 속하지 않는 외부의 사건을 구경이라도 하듯이. 그리고 하품을 하거나 코를 후비지. 한숨을 내뿜기도 하고 말이야."

"그건 내 가문의 유전 같은 거라고. 내 아버지도, 내 할아버지도 그랬다네."

비 내리는 가을 저녁의 거리는 이상하리만큼 조용했다. 검은 돌로 촘촘히 채워진 거리는 비를 맞아서인지 더욱 검게 번들거렸다. 홈즈의 집 맞은 편 카페에는 신문 기자가 여전히 잠복해 있을 것이다. 하지만 홈즈와 왓슨은 개의치 않았다. 이 집에는 다른 세입자가 살고 있는 것처럼 알려졌기 때문이다. 왓슨과 홈즈는 지하실을 이용해 건물의 뒤편으로 은밀히 이동하기 때문에 사람들의 시선을 피할 수 있다. 다만 감이 좋은 신문사들이 뭔가 냄새를 맡고 있었던 것이다.

왓슨은 왼손 엄지손가락으로는 자신의 콧수염을 만지고, 오른손으로는 소파의 손잡이를 탁탁 치고 있었다. 그리고 잠시 동안 이어진 침묵을 깨면서 말했다.

"친구, 중요한 점은 영혼을 믿지 않는다는 그 의사들이 다른 믿음을 정교하게 논증하고 있다는 점이네. 어떤 마음의 상태를 가진다는 것도 결국 자연적인 사건 혹은 물리적인 사건이라는 믿음 말이네. 누군가가 목마름을 느껴 물을 마시는 행위는 비가 오고 꽃이 피는 것과 같은 자연적 사건과 다르지 않다네. 게다가 그들은 그 믿음이 굉장한 장점을 가지고 있다고 선전하고 있지. 그들은 사적인 토론에서 검증verification이라는 표현을 쓴다네. 어떤 진술의 의미는 사실에 대한 관찰이나 실험 등을 통해서 경험적으로 확인될 수 있어야 한다는 거야."

홈즈는 왓슨이 무슨 얘기를 하는지 파악하고는 그의 말을 가로채며 말했다.

"가령 '달은 지구 주위를 공전한다'라는 진술은 천체 망원경 등을 통해서 참인지 거짓인지가 확인 가능하다는 말이겠군. 알다시피 그 진술은 참이지. 그러나 '영혼이 있다'라는 진술은 감각적 관찰을 통해서 검증 불가능하다는 것이로군."

"바로 그렇다네. 그래서 그 의사들과 철학자들은 만일 마음의 상태를 가지는 것이 자연적인 사건이라면, 마음의 상태에 대한 진술 역시 검증 가능해야 한다고 주장하는 것이라네. 그 의사들은 성향이라는 개념을 도입한 것이지. 특정한 마음의 상태를 가진다는 건 곧 특정한 행동 성향을 가진다는 거야. 배고픔을 느낀다는 건 배에서 꼬르륵 소리가 나거나, 입에 침이 고이는 등과 같은 성향을 가진다는 것이지. 정상적인 상황에서라면, 우리는 누군가가 이런 성향을 가진다는 걸 감각적 관찰을 통해서 확인할 수 있다네. 따라서 'A가 배고픔을 느낀다'라는 진술은 검증 가능한 것이지."

홈즈는 소파에서 일어나 벽난로에 불을 붙였다. 10월 초라서 밤이 되면 제법 쌀쌀했다. 게다가 비 내린 가을밤이라서 그런지 추위가 몸 구석구석으로 스며들어 왔다. 홈즈는 벽난로 가까이에다 의자를 옮겨놓고 다리를 꼬고 앉아 잠시 생각에 잠겼다. 홈즈가 마른 두 손을 비볐다. 그러자 손을 비비는 소리가 났다. 왓슨은 홈즈가 더 높은 사고에로의 비약을 꾀하고 있다는 사실을 알아차렸다. 왓슨도 비에 젖은 구두와 양말을 난로 가까이 갖다놓고 나서 홈즈 맞은편에 의자를 놓고 앉았다. 왓슨은 홈즈와 보내는 이런 시간을 좋아했다. 물론 홈즈에게 왓슨과의 토론은 즐거운 것이기도 했지만 반드시 해야만 하는 것이기도 했다.

왓슨은 의자에 앉아 턱을 매만지면서 생각에 잠긴 홈즈를 보았다. 50이 넘은 나이임에도 예전처럼 멋진 모습이 놀라웠다. 다만 언젠가부터 예전과 달리 너무 진지해진 것 같았다. 홈즈 특유의 장난기가 사라진 걸까? 아니면, 지금까지의 문제들과 달리 지속적인 지적 긴장감을 요구하는 철학적 문제에 골몰해서 그런 것일까? 홈즈가 무슨 말을 꺼낼지 궁금해지던 그런 찰나에 홈즈는 왓슨의 마음을 읽기라도 하듯이 입을 열었다.

"왓슨, 누군가가 어떤 마음의 상태에 처해 있거나 혹은 특정한 상태에 있다는 걸 안다는 건 얼핏 신비롭게 느껴질 수 있지. 왜냐하면 그 마음의 상태는 눈에 보이지 않기 때문이야. 아니, 어떤 감각 기관으로도 포착할 수 없지. 자네가 호주머니에 동전 하나를 갖고 있는지를 아는 방식으로 자네가 치통을 느끼고 있는지 알아낼 수는 없는 것이니깐. 그러나 자네 생각처럼 특정한 마음의 상태에 따라 특정한 행동 성향이 어떻게 드러나는지의 문제로 본다면, 그 문제는 아주 간단해지네."

"그렇다면 문제는 해결된 게 아닌가? 누군가 특정한 마음의 상태에 처해 있다는 것이 결국 그에게서 보이는 행동의 성향이라면 말일세. 그들이 영혼을 부정한다는 것에 반감이 들지만, 그들이 보여준 지금과 같은 생각의 일관성은 쉽게 반박하기 어려운 듯 보이는군."

"그런데 친구…체크메이트라고 판단했지만 어처구니없는 실수를 범하거나 치명적인 오판을 하는 경우가 얼마나 많은가? 음…결국 문제는 원점으로 돌아가겠군…."

벽난로의 불길 때문에 홈즈의 눈빛은 끊임없이 이글거리는 듯 보였다. 홈즈는 이미 이 토론의 결말을 직시했다는 듯 미소를 지으며 말을 꺼냈다. 진중하던 홈즈의 목소리는 어딘가 모르게 유쾌해지고 가벼워졌다.

"왓슨, 우리가 만난 지 얼마 되지 않아서 발생했던 살인 사건을 기억하는가?"

"물론이지! 아…그때가 벌써 몇 년 전인가…전장에서 돌아온 지 얼마 안 되었을 때였지. 스탬포드가 자네를 소개해줬었지. 첫눈에 나의 직업과 행적의 일부를 알아맞힌 자네가 얼마나 신기하게 보였던지…모든 일이 엊그제 일어난 것처럼 생생하다네."

왓슨의 입가에는 옛 추억을 흐뭇하게 회상하는 노인처럼 잔주름이 퍼졌다. 그러나 홈즈는 옛 추억의 감상 따위에는 관심이 없다는 듯 왓슨의 얼굴 앞에서 엄지와 중지로 탁탁 소리를 내며 진지하게 말을 이어갔다.

"자네도 알다시피, 드레버 씨의 시신을 가장 먼저 발견한 사람은 랜슨 순경이었지. 랜슨 순경은 새벽 두 시경 홀랜드 그로브 구역 담당이던 해리 머처를 만나 담소를 나누었네. 그 후 브릭스턴 가의 그 집으로 향했지. 그 시간 이미 드레버 씨는 숨져 있었겠지. 왓슨, 랜슨 순경이 유일하게 길거리에서 목격했다던 그 남자, 기억나나?"*

"술에 잔뜩 취해 노래를 부르고 있었다던 그 남자 말인가? 아마 콜럼바인의 '새로운 깃발'이란 노래였었지? 자네는 그자가 범인이었다는 걸 일찌감치 눈치챘었고."

"그렇다네. 왓슨, 내가 말하고자 하는 바는 자네가 제시한 생각이 직면할 수 있는 문제점에 관한 것이네."

"드레버 씨의 살인 사건과 그 문제점이 무슨 연관이 있다는 것인지 얼른 짐작이 가질 않네, 홈즈."

홈즈의 눈빛은 사냥감을 낚아채기 직전의 맹수처럼 날카롭게 빛났다.

"일련의 행동에 대한 관찰과 보고가 곧 다른 사람이 어떤 심적 상태에 처해 있는지에 대한 이해이자 설명이라면 말일세… 아까 얘기한 범인인 제퍼슨 호프처럼 그럴싸하게 연기를 할 경우 문제가 발생한다는 말이지. 즉 호프는 실제로는 술에 취하지 않았어. 일부러 몸

---

* 코난 도일, 『주홍색 연구』 참조.

을 비틀거렸고, 혀 꼬인 소리를 냈고, 딸꾹질을 내는 등과 같은 일련의 행동을 흉내 냈을 뿐이네. 랜슨 순경을 쉽게 속일 만큼 능숙하게 말일세. 이 경우 설령 랜슨 순경이 호프 씨의 행동을 관찰하고 또 이를 누군가에게 설명했다고 해서 범인의 마음 상태를 안 것이라고 말할 수는 없다는 말일세. 호프 씨는 실제로 취하지 않았기 때문이야."

"그러니까, 자네 말은 지독한 슬픔이나 치통 같은 특정한 마음의 상태를 가지고 있지 않으면서도 그런 상태를 가진 것처럼 일련의 행동을 흉내 낼 수 있다는 말인가? 이런 사례들 때문에, 내가 제시한 제안이 만족스럽지 못하다는 것이고?"

"정확히 이해했네!"

"그렇다면, 치통을 앓고 있는 것처럼 그럴싸하게 흉내만 내는 사람 A와 실제로 치통을 앓고 있는 사람 B의 차이는 무엇인가? 내 말은 A에게 결여된 것이 무엇이겠냐는 것이지. 단지 진실된 태도뿐일까?"

"A에게 결여된 것이 있다면, 특정한 마음 상태겠지. 자네는 내가 어릴 때 연극배우로 많은 무대에 섰다는 걸 알고 있겠지. 사실 내가 존경하는 여인은 아이린 애들러*만이 아닐세."

"자네가 존경하는 여인이 또 있었다니 정말 놀랍군!" 왓슨은 홈즈

---

* 코난 도일의 『보헤미아 왕실 스캔들』에서 홈즈가 "그 여자"라고 불렀던 오페라 가수. 홈즈가 유일하게 존경을 표한 여성으로 알려짐.

를 놀리는 듯 익살스런 표정을 지었다.

"엘리자베스…, 그녀의 이름이지. 당시 스무 살이었던 그녀는 셰익스피어 비극의 몇몇 주인공들을 놀라운 집중력과 해석력으로 연기해냈고, 그녀의 연기는 환상적이었지. 어느 날 그녀는 내게 온화한 목소리로 말했지. '홈즈 씨, 당신은 맡은 배역과 일체감을 느끼시나요? 저는 줄리엣을 연기하면 줄리엣이 됩니다. 저는 그녀가 느꼈을 법한 감정과 느낌을 전부 생생하게 느끼지요. 줄리엣으로 살아본다고 할까요?'라고 말이야."

"그녀가 왜 자네에게 그런 말을 했는지 물어봐도 되겠나?"

홈즈는 겸연쩍은 미소를 지으며 말했다.

"결국 그녀는 내가 연극의 인물을 완벽히 소화해내지 못한다는 걸 에둘러 말한 것이었어. 그때 나는 내가 연극에 재능이 없다는 걸 알게 되었다네. 비록 자네는 내가 탐정이 됨으로써 연극계에서는 큰 배우 한 명을 잃게 되었다고 칭찬했지만…* 나는 연기를 한 게 아니라 단지 흉내를 낸 것뿐이지." 홈즈는 부지깽이를 들어 난로 주위에 밀려 나온 불붙은 나뭇조각들을 안으로 밀어 넣으며 말을 이어갔다.

"그런데 내가 지금 말하고 싶은 점은 약간 다른 점이네. 비록 어떤 마음의 상태가 존재하지 않지만 그것이 있는 것처럼 흉내를 낼 수도 있고, 반대로, 진정한 흉내 혹은 연기를 하기 위해서는 그와 같은

* 위의 책 참조.

마음의 상태를 가져야만 한다는 걸세."

홈즈는 왓슨이 자신을 이해하지 못했음을 알아차리고 다른 표현을 생각해내었다.

"마음의 상태를 이해한다는 건 곧 특정한 행동 성향을 관찰하면서 그것을 기술하는 것이 참이라고 가정할 때, 간과하게 되는 바가 있다는 거야. 그것은 바로 일련의 행동이나 언어적 기술 배후에 무언가가 먼저 존재하는 것 같다는 것이지. 그것은 어떤 상태겠지. 하지만 그것은 책상이 딱딱하다거나 오렌지 모양처럼 공간을 점유하고 있지 않은 특이한 상태, 곧 누군가의 마음 안에 존재하며 그것을 가진 사람만 알 수 있는 그런 상태라고."

"눈에 보이지 않거나 감각적으로 관찰될 수 없는 그런 상태가 존재한다고 어떻게 확신할 수 있겠나?"

왓슨은 반들반들해진 콧수염을 만지작거리며 물었다. 홈즈는 자리에서 일어나 팔짱을 낀 채 창가에 기대어 왓슨의 물음에 답했다.

"엘리자베스를 생각해보게. 그녀는 줄리엣의 감정을 표현하기 전에 어떤 마음의 상태를 먼저 가져야만 할 거야. 눈에 보이지 않고 감각적으로 관찰될 수도 없지만 그 특정한 마음의 상태들은, 엘리자베스로 하여금 줄리엣을 표현하도록 만드는 그런 힘이 필요하지 않겠나? 결국 마음의 상태를 특정한 행동 성향에 대한 관찰과 기술로 대체하려는 자네 주변의 동료 의사들의 시도는 실패했다고 난 생각한다네. 게다가 말일세…우리는 보통 우리 자신의 마음을 어떤 행동 성향을 관찰해서 안다기보다는 어떤 직접적인 방식으로 알지 않는가? 예를 들면, 자신이 누군가에게 사랑에 빠졌음을 알기 위해 '밤마다 편지 쓰기', '그 사람 앞에서 볼 빨개지기', '그 사람 앞에만 서면 심장 박동 수 증가하기' 등과 같은, 자신에게 나타나는 특정한 행동 성향을 일일이 관찰해야만 한다면 얼마나 우스꽝스러운 일이겠는가!"

왓슨은 침묵한 채로 앉아 홈즈가 한 말의 의미를 음미했다. 홈즈와의 대화를 통해 새롭게 알게 된 사실도 있었지만, 또 해명되지 않은 뭔가에 막혀 있다는 느낌도 들었다. 마치 안개 속을 걷고 있는 느낌이었다.

"홈즈, 음…확실히 우리는 새로운 존재들을 추격하고 있음이 확실하네. 그 존재들은 눈에 보이지도 않고, 소리를 들을 수도 냄새를 맡을 수도 없지만, 그럼에도 존재한다고 일단 믿을 수밖에 없는 그런 괴이한 존재들이지."

"하지만 왓슨, 나는 그 존재들에게 감사할 수밖에 없네. 덕분에 무료한 일상을 약으로 겨우 버티던 내가 새로운 삶을 살 수 있게 되었으니까. 적어도 나에게는 잃을 게 없는 새로운 모험이지!"

왓슨이 떠난 후 홈즈는 커튼 사이로 비 내린 검은 거리를 내다보았다. 멀리 보이는 가로등의 희미한 빛은 꺼질 듯 위태로워 보였다. 맞은 편 카페의 불은 꺼져 있었고, 그 앞에는 검은 자동차 한 대가 세워져 있었다. 그 안에 신문 기자가 숨어 있을 수도 있었지만 상관없었다. 어차피 홈즈는 정체를 들키지 않을 자신이 있었고, 그 신문 기자는 홈즈에 대한 특종을 강요하는 편집장의 등살에 못 이겨 억지로 나왔을 테니까.

오랜만에 홈즈와 대화를 나눈 왓슨은 집으로 돌아가 아내와 또 얼마간 행복한 시간을 보낼 것이다. 그리고 홈즈는 거처를 옮겨 인적이 드문 해안가에서 승마를 하거나 수영을 하며 혼자만의 시간을 즐길 것이다.

〈인간연구〉에 속한 의사들과의 토론은 나로 하여금 인간과 세계에 대해 새롭게 이해할 수 있도록 도와준다. 홈즈와의 토론 역시 마찬가지다. 다만 그 둘의 차이는 다음과 같다. 내 동료 과학자들과 철학자들은 어떤 입장을 만들고 그것을 최대한 방어하는 데 주력한다면, 홈즈는 그런 것에는 관심이 없다. 그는 마치 공장의 깐깐한 관리자처럼 누군가의 입장에 어떤 결함이 있는지 또는 그 결함이 얼마나 치명적인지를 집요하게 찾을 뿐이다. 홈즈도 어떤 일관된 생각들의 결합, 즉 사상이란 걸 만들어낼 수 있을까?

몇몇 동료 의사들은 슬픔, 기쁨, 통증, 특정한 생각 같은 마음의 상태는 곧 특정한 행동 성향이라고 주장하고 있다. 그들은 "마음의 상태는 행동 성향으로 드러난다"라고 주장하는데, 마음의 상태와 행동 성향을 동일한 것으로 본다. 나는 그들의 입장에 행동주의behaviorism라는 이름을 붙여주었다. 아직까지 공식적인 것은 아니지만, 많은 회원이 이미 이 용어를 즐겨 사용하고 있다.

행동주의는 하나의 형이상학적인 전제, 즉 모든 사건은 자연적 혹은 물리적 사건이라는 전제를 의심할 수 없는 것으로 간주한다. 따라서 그들은 "마음의 상태"에 관한 용어들을 "행동"에 관한 용어들로 대체하길 원한다. 왜냐하면 마음의 상태와 달리 행동은 감각적으로 관찰할 수 있는 사건이기 때문이다. 게다가 행동에 관한 진술은 검증 가능하다.

행동주의자들은 치통이라는 마음의 상태를 다음과 같이 설명한다. 치통은 곧 특정한 행동 성향이다. A가 치통을 가진다는 것은 A가 얼굴을 찡그리거나 턱 부위를 손으로 감싸거나 몸을 웅크리는 행동 성향을 보인다는 것과 동일하다. 이때 A가 보이는 행동 성향은 감각적으로 관찰 가능하며, 따라서 "A는 얼굴을 찌푸리고 있다", "A는 턱 부위를 손으로 감싸고 있다"와 같은 진술은 검증이 가능하다. 마음의 상태는 더 이상 미스터리하지 않다.

그러나 홈즈는 이 입장의 결점을 찾아냈다. 첫 번째 결점은 특정한 마음의 상태는 결여되어 있지만 특정한 행동 성향을 흉내 내는 경우와 관련된다. 두 번째 결점은 우리의 행동에 인과적인 힘을 행사하는 것처럼 보이는 마음의 상태의 실재와 연관된다. 제퍼슨 호프는 술에 취하지 않았지만 술에 취했을 때 나타나는 행동 성향을 흉내 냄으로써, 랜슨 순경의 의심을 받지 않고 성공적으로 도주할 수 있었다. 이 경우 행동 성향은 있지만 마음의 상태는 없는 경우이므로, 마음의 상태와 행동 성향의 동일성 관계는 깨지게 된다. 연기에 천부적인 재능을 소유한 엘리자베스의 경우 특정 배역을 연기하기 전에 먼저 특정한 감정 또는 감각을 느낀다고 한다. 이 경우 행동 성향 이전에 특정한 마음의 상태는 먼저 존재할 수 있는 것처럼 보인다. 더 나아가 특정한 마음의 상태는 어떤 인과적 힘을 발휘할 수 있을 것만 같다. 가령 엘리자베스가 줄리엣의 깊은 슬픔을 먼저 느끼게 되면, 그 감정 때문에 그녀는 특정한 행동을 표현할 수 있게 된다. 물론 논리적으로는 그런 감정이 결여된 채 특정한 행동을 표현할 수도 있다. 그러나 홈즈에 따르면 엘리자베스를 포함한 많은 연기자들은 자신이 맡은 배역을 연기하기 위해 특정한 감정이나 감각을 먼저 느끼려고 한다.

특히 홈즈가 찾아낸 두 번째 결점은 행동주의에 치명상을 가할 수 있을 듯하다. 자연 내에서 감각적으로 관찰될 수 없는 마음의 상태는 결국 행동 성향에 불과하다고 행동주의자들은 주장한다. 그러나 엘리자베스의 예를 통해서 알 수 있듯이, 행동 성향을 가능케 하는 마음의 상태는 분명 존재하는 것처럼 보인다. 즉 어떤 인과적 힘을 행사하는 마음의 상태는 존재하는 것처럼 보인다는 것이다.

홈즈는 여기에 덧붙여서 자기 자신의 마음 상태는 행동 성향에 대한 관찰을 통해서가 아니라 직접적인 방식으로 안다는 점을 지적했다. 이는 정말로 중요한 지적이다. 내가 어떤 마음의 상태에 처해 있는지에 대해 관찰 가능한 증거가 없어도 나는 그 사실을 안다. 행동주의는 마음의 상태를 삼인칭 시점에서만 접근하려고 한다. 그러나 이는 중대한 실수다. 왜냐하면 나는 내 마음 상태를 제3자의 관점이 아니라 일인칭 시점에서 알기 때문이다. 따라서 삼인칭 시점으로만 마음의 상태를 접근하려는 행동주의의 방식은 결코 성공적일 수 없다. 이런 이유로 홈즈는 "결국 이 문제는 원점으로 다시 돌아가겠군"이라고 읊조리듯 말했던 것이다.

　홈즈와의 대화를 보고서 형식으로 남겨두고자 한다. 홈즈의 허락을 받은 후 행동주의에 대한 반론에 대해 〈인간연구〉에 속한 과학자 및 철학자와 계속 토론할 것이다. 전설이 된 탐정이자 배우이고, 과학자이면서 철학자인 홈즈는 결코 그곳을 방문하지 않을 것이기 때문이다.

슬픔이란 마음의 상태는 신경 화학적 상태에 불과한 것일까?
그래서 종국에는 과학을 통해 모조리 설명될 수 있을까?
아니면 마음의 상태는 신경 화학적 상태와는 뭔가 다른 성질,
즉 비물리적인 성질을 갖고 있는 것일까?
우리 인간은 과학으로 모조리 설명될 수 있는 존재일까?

2장

홈즈, 마음의 성질을 탐구하다

이론가는 한 방울의 물에서 대서양이나
나이아가라 폭포가 존재할 수 있다는 것을 추측할 수 있다.

- 『주홍색 연구』 중에서

급진파의 구세주

약 1년 만에 왓슨이 홈즈를 다시 만났을 때, 홈즈의 피부는 보기 좋게 그을려 있었다. 홈즈의 몸매는 쉰 살이 넘은 나이라고는 믿기 어려울 만큼 탄탄해, 보는 이들의 시선을 사로잡았다. 오뚝한 콧날을 따라 무언가를 응시하는 홈즈의 두 눈을 보고 있노라면, 마치 사람의 발길이 닿지 않은 미지의 산맥과 비취빛 호수를 보는 듯했다. 젊은 시절 홈즈에게서 자주 보였던 극단적인 나태함을 더는 찾아볼 수 없었다. 담배와 약물도 끊어버린 지 오래되었다. 승마나 수영, 펜싱 등으로 휴식을 취할 때를 제외하고는 마지막에 드러나게 될 미지의 존재들을 쫓겠다는 강한 일념이 그의 얼굴에 자연스레 드러났다. 왓슨은 황무지의 짙은 안개라도 그의 신념의 강한 빛을 결코 가릴 수 없을 것이라고 생각했다.

11월 중순의 나른한 토요일 오후, 두 사내는 소파에 깊숙이 몸을 파묻고 앉아 있었다. 심심한 방에 노크 소리가 났다. 노크 소리의 주인공은 허드슨 부인의 둘째 딸 레이첼 양이었다. 허드슨 부인이야말로 얼마나 오랜 시간 동안 홈즈를 도와주었던가! 그러나 허드슨 부인도 세월을 거스를 수는 없었다. 이제 그녀는 허리 통증과 관절염 때문에 고향으로 돌아가 쓸쓸히 노년의 시간을 보내고 있다. 더욱이 독신으로 살아가던 남동생 윌리엄스 씨가 낙마해서 머리를 크게 다치는 바람에 허드슨 부인의 도움을 필요로 하고 있었다.

베이커 가 221b의 집은 홈즈가 허드슨 부인에게 구입한 것이다. 허드슨 부인은 레이첼 양을 새로운 관리인으로 받아주는 것을 조건으로 홈즈에게 집을 저렴한 값에 팔아버렸다. 물론 홈즈에 대한 존경심도 어느 정도 작용했다.

언제나 상냥한 표정을 짓는 레이첼 양은 홍차 두 잔을 테이블 위에 올려놓고는 방에서 나갔다. 왓슨은 홍차 찻잔이 테이블에 놓이는 것을 보면서 홈즈와의 대화가 시작되리라는 계시를 받은 느낌이 들었다.

"그 누구도 내게 홍차만은 끊으라고 말하지 못할 거야."

조용히 홍차 맛을 음미하더니 만족스럽다는 듯 홈즈가 능청스레 입을 열었다.

왓슨이 토요일 오전까지만 환자를 진료하고 홈즈에게 온 이유는 분명했다. 그 이유는 〈인간연구〉에서 얼마 전 벌어졌던 논쟁 때문이었다. 200여 명 정도의 의사, 심리학자 그리고 사회학자들로 구성된 이 모임은 십여 년 전부터 발전해온 인간의 신경계에 대한 새롭고 놀라운 연구 결과를 형이상학적으로 해석하기 위해 만들어졌다. 크게 보면, 신경계에 대한 최신의 연구 성과를 급진적으로 해석하고자 하는 신진 학자들과 그에 반대하는 원로 학자들 사이에 언제나 대립 구도가 형성되었다. 그 대립 구도는 굉장한 지적 긴장감과 흥미를 초래해서, 1년에 두 번 열리는 〈인간연구〉의 학술회의에는 런던 시민의 참여도 활발해졌다. 왓슨을 보기 위해 오는 사람도 많았다. 왜냐하면 잠적해버린 전설적인 탐정 홈즈가 왓슨의 배후에서 새로운 철학적 아이디어들을 제공해주고 있다는 소문이 돌았기 때문이다. 그래서 왓슨이 던지는 질문 하나하나에 대중의 관심이 쏠렸으며, 왓슨이 발표를 하는 날이면 혹 변장을 하고 학술회장을 찾을지도 모르는 홈즈를 보기 위해 신문 기자들과 홈즈 마니아들이 몰려들었다. 왓슨은 그런 상황이 부담스러웠지만 다른 회원들과의 대화 끝에 결국 〈인간연구〉를 잘 홍보하기 위한 방법으로 활용하자고 결론을 내렸다. 물론 적어도 한 가지는 맞았다. 왓슨의 도움으로 홈즈는 최신 신경계 연구에 대한 정보를 제공받고 있었으며 그것을 바탕으로 형이상학적 문제들에 몰두하고 있었다.

해안가에서 승마를 즐기며 틈틈이 해양 생물 표본을 수집하고 있던 홈즈가 베이커 가로 다시 돌아오게 된 이유는 〈인간연구〉 모임에 혜성처럼 나타난 플레이스U.T. Place란 서른두 살의 의사 때문이었다. 요크셔 출신으로 옥스퍼드에서 공부한 그는 "마음 상태와 신경적 상태의 동일성에 관하여"라는 발표문으로 〈인간연구〉 모임에서 일약 유명 인사가 되었다. 플레이스는 급진파의 새로운 상징이 된 듯했다. 런던의 주요 신문에 플레이스의 기고문 "당신은 곧 당신의 두뇌입니다"가 실렸으며 대중에게도 그의 글이 제법 알려지게 되었다.

"마음의 상태가 곧 두뇌 안의 신경 상태"라고 주장하는 플레이스의 생각을 둘러싸고, 마음의 상태는 실재하지 않으며 오직 신경 상태만이 실재한다고 주장하는 플레이스 좌파와, 마음의 상태는 어디까지나 실재하지만 단지 신경 상태에 불과하다고 주장하는 플레이스 우파로 나뉘어 회원들이 뜨거운 논쟁을 벌이고 있다. 왓슨은 재빨리 홈즈에게 플레이스의 논문과 기고문을 보내주었고, 홈즈는 결국 베이커 가로 돌아왔다.

"플레이스에 대한 관심이 엄청나다네. '동일론'identity theory이라고 불리는 이론과 함께 플레이스는 급진파 진영의 새로운 구세주가 된 듯하다네."

왓슨은 동일론의 출현이 마치 자신의 가족에게 일어난 일이라도 되는 듯 흥분한 채 말했다.

"자네가 보내준 자료들은 다 읽어보았네. 확답하긴 이르지만, 동일론의 출현은 자네 연구 모임에서 새로운 분기점 역할을 하게 될 것 같네."

"그 정도로 중요한 시도란 말인가? 어떤 점에서 그런지 물어봐도 되겠나?"

"예전에 우리가 논의했던 입장, 즉 자네가 행동주의라고 부르길 권장하는 입장의 경우 마음의 상태가 무엇인지에 대한 물음은 찝찝하게도 여전히 남아 있었지. 행동 성향에 대한 관찰과 기술로 베일 속의 존재를 부정하려고 했다고나 할까. 그러나 플레이스의 이론은 '그 마음의 상태가 곧 신경 상태와 동일하다'라고 주장하고 있네. 그런 점에서 더 대담하고도 진일보한 이론으로 보인다네. 만일 마음의 상태가 신경 상태와 동일한 것이 옳다면, 자연 내에서 마음의 상태나 속성 같은 것들의 실재는 설 자리를 잃게 되겠지. 이 점은 대단히 중요해 보이네. 왜냐하면 마음의 상태가 곧 과학적으로 설명이 가능한 신경 상태라면, 결국 우리가 일상에서 누리는 의식적 체험 역시 과학적으로 설명이 가능한 영역이 될 수 있다는 것을 의미하기 때문이네. 우리가 자유로운 존재라는 체험과 확신을 포함해서."

"음…그러고 보니, 보수파의 수장인 스윈번R. Swinburne 경이 왜 그리도 플레이스의 주장을 반박하려고 하는지 이해가 되는군. 스윈번 경은 20년 전 겪은 신에 대한 놀라운 체험을 계기로 독실한 신앙인으로 살아가고 있는 저명한 의사지. 자네 말처럼 만일 마음의 상태가 신경 상태라면, 스윈번 경의 종교 체험 역시도 과학적으로 설명이 가능한 자연적 현상에 불과한 것이 되고 말테니까, 플레이스의 동일론을 반대할 수밖에 없겠군."

"그러나 스윈번 경과 플레이스의 지지자들 사이의 갈등으로 연구 모임이 위기에 처해질 것 같지는 않네. 왜냐하면 플레이스-좌파의 리더인 스윈번은 스윈번 경이 애지중지하는 외동아들이기 때문일세. 스윈번 경은 최대한 신중하게 학자로서의 태도를 유지하며, 토론에 참여하게 될 걸세. 스윈번 경은 예나 지금이나 아들에게 학자로서 모범이 되어주고 싶어 하기 때문일세."

"아니, 도대체 자네는 그런 사실을 어떻게 알고 있는 건가? 나 외에 소식을 전해주는 사람이 또 있는 건가?"

홈즈는 어깨를 한 번 들썩거리며 홍차의 맛을 음미했다. 왓슨은 어떻게 홈즈가 그런 정보를 얻었는지 궁금했지만, 이내 오늘 대화의 주제에 다시 집중하기 시작했다.

"홈즈, 나도 은퇴할 날이 얼마 남지 않았네. 지난 세월을 돌이켜 보건대, 과학의 발전이란 참으로 놀랍기만 하다네. 자네가 천여 건이 넘는 범죄 사건을 해결하는 동안, 천재적인 과학자들은 시간과 공간 그리고 물리적 입자들에 대한 우리의 시각을 완전히 바꾸어놓았다네. 게다가 몇 년 전부터는 인간의 신경계에 대한 연구가 비약적으로 발전하고 있지. 신경계의 중심은 단연 두뇌니까, 결국 인간의 두뇌에 대한 비밀이 밝혀지고 있다고 할 수 있고. 뇌의 구조와 기능, 그리고 신경 세포에 대한 연구는 인간의 정신이 결국 뇌에 의존한다는 많은 증거들을 보여주고 있지."

"그러고 보니, 윌리엄스 씨의 증세가 어떤 것인지 좀 밝혀졌는가? 아무래도 우리의 논의와 연관이 있어 보여서 말이야."

"이런…내가 아직 전해주지 않았었나? 자네도 알다시피, 몇 달 전 뇌 연구의 권위자인 블랙 경과 함께 허드슨 부인의 집을 방문했었지. 윌리엄스 씨는 그야말로 지옥과 같은 하루하루를 보내고 있더군. 1층 거실 전체가 그의 생활 공간인데, 하루에 두 번 정도 허드슨 부인의 부축을 받으며 산책하는 것이 그의 유일한 즐거움인 듯 보였네. 물론 그는 산책을 하는 동안 줄곧 눈을 감은 채로 누나와 대화를 나눈다네. 눈을 뜨는 순간 지옥이 펼쳐지기 때문이지. 지금 눈앞에 펼쳐진 광경을 인식하지 못하고, 몇 분 전에 망막에 들어온 특정한 시각 정보만이 눈앞에 정지한 채로 머물러 있으니 얼마나 고통스럽겠는가. 자신은 시냇물 소리를 들으며 냇가 앞에 서 있는데, 몇 분 전 자신의 눈앞을 스쳐간 머리가 듬성듬성한 낯설고 주름투성이의 노파의 얼굴이 보인다면? 상상만 해도 끔찍하지 않나? 블랙 경은 윌리엄스 씨가 말에서 떨어지고 나서 돌에 심하게 부딪힌 부위를 확인했고, 결국 뒤통수엽에 위치한 시각 영역에 손상을 입었다는 결론을 내렸다네. 다섯 개의 시각 영역 중 운동하는 물체의 인식에 관여하는 다섯 번째 영역이 손상을 입은 것이지. 다행히 최근에 허드슨 부인이 자네가 선물로 보내준 맹인견 리트리버의 도움 덕분에 한결 낫다며, 자네에게 감사 인사를 다시 한번 전해달라고 하더군."

"그랬었군…시시각각 변하는 자신의 행동과 시각적 정보가 일치하지 않으니 고통스러울 수밖에…."

"아무튼 홈즈, 뇌의 특정 부위에 손상을 입으면 특정한 정신적 능력이 상실되는 사례는 아주 많다네. 이런 사실 때문에 거의 모든 동료 학자들이 정신적 능력은 두뇌 활동에 의존하고 있다는 점을 인정하고 있다네. 심지어 영혼의 존재를 믿고 있는, 나를 포함한 몇몇 동료들조차도 말일세."

이때 벽난로 반대편에 걸린 스위스제 뻐꾸기시계가 오후 2시를 알려주었다.

"좋은 정보를 알려줘서 고맙네, 왓슨. 갑자기 드는 생각인데…우리 인간도 저 뻐꾸기시계와 같다면 과연 행복할까?"

홈즈는 다소 피곤한 듯 기지개를 펴고 하품을 했다. 커튼 사이로 오랜만에 환한 가을 햇살이 들어왔다. 홈즈가 "황금빛의 가을 햇살은 나를 우울하게 만들어"라고 투덜거리게 만들었던 그런 종류의 햇살이었다. 그러나 오랜 친구인 왓슨은 홈즈가 굉장한 말들을 쏟아내기 바로 직전이라는 점을 눈치챌 수 있었다.

"그럼, 좀 더 구체적으로 들어가볼까?" 홈즈가 반짝이는 눈빛으로 왓슨에게 말했다. "물론이고말고." 왓슨이 짧게 답했다.

"플레이스의 이론을 내가 이해한 대로 요약하자면 이렇다네. 플레이스는 먼저 과학이 발전하면서 우리가 물리적 세계에 대한 많은 지식을 획득하게 되었다고 말하지. 예를 들면, 한때 사람들은 마녀가 흑마술로 흑사병을 불러일으켰다고 믿었지. 그래서 흑마술에 참여했다는 의혹을 받은 사람은 재판정에 끌려가기 일쑤였네. 그러나 현미경의 발명과 병리학의 발전 때문에 페스트균이 흑사병의 원인이라는 사실이 밝혀졌지. 온도의 높고 낮음도 오랜 세월 미스터리한 현상으로 간주되었지만, 오늘날 기체 분자 운동론에 따르면 온도는 분자들의 운동임이 밝혀졌지. 플레이스는 결국 무언가를 느낌, 믿음, 생각함 등과 같은 정신적인 상태나 속성은 의식의 기본 단위인 뉴런들의 활성화에 불과하다고 주장하는 것이지. 결국 과학이 발전하면서 신경 상태에 대한 과학적 설명만으로 마음의 상태는 완전히 설명될 수 있다네. 마치 흑사병이 발병되는 과정이 페스트균이 인체로 침입해 발생하는 인과 과정을 통해 완전히 설명되고, 온도의 높고 낮음이 분자들의 운동량으로 완전히 설명될 수 있는 것처럼 말이야."

"바로 그렇다네. 우리 과학자들은 어떤 현상이나 상태가 물리적 토대로 삼고 있는 구성 요소들 사이의 인과적 관계를 통해 어떤 현상이나 상태를 설명하는 방법을 '환원'reduction이라고 부른다네. 가령 온도계를 알지 못하는 원시 부족의 사람들이 온도를 해괴한 방식으로 식별할지라도, 분자들의 운동에 대한 설명을 통해 온도라는 자연 현상을 환원적으로 설명할 수 있다는 것이지. 온도의 경우 단지 과학적인 설명을 허용할 뿐만 아니라 온도가 곧 분자의 운동이라는 점에서 '인식론적 환원'epistemological reduction과 '존재론적 환원'ontological reduction, 둘 다 허용하는 경우라고 할 수 있고."

"음…물과 H_2O의 관계도 두 환원을 다 허용하는 경우라고 볼 수 있겠지? 물이 가진 여러 현상과 속성, 가령 투명함, 고유한 응집력 등은 수소와 산소 원소가 가진 특징을 통해 원칙적으로 설명이 가능할 뿐만 아니라, 물이 곧 H_2O라고 할 수 있으니까 말일세."

"정확하게 보았네, 홈즈. 결국 관건은 정신적인 상태나 속성도 그것의 구성 요소인 신경 세포들 사이의 인과적 관계로 설명할 수 있는지, 더 나아가 정신적인 상태나 속성은 물질적 상태나 속성과 동일한 것인지라네."

"자네는 어떻게 생각하고 있나 왓슨?"

홈즈가 너무 빠른 박자로 질문을 해서 순간 왓슨은 당황한 듯 찻잔을 받침대에 딸그락 소리를 내며 올려놓았다. 왓슨은 콧수염에 묻은 홍차를 닦으며 대꾸했다.

"내가 영혼의 실재를 믿고 있다는 걸 잘 알지 않나? 만일 영혼이 있다면, 영혼은 나의 느낌, 생각 등과 같은 여러 상태나 속성을 담고 있는 담지자bearer겠지. 우리 앞에 놓인 책상이 딱딱함, 크기, 무게, 모양과 같은 속성들의 담지자이듯이 말일세. 다만 나의 정신적 상태나 속성은 공간을 점유하지도 질량을 가지지도 않기 때문에, 물리적인 상태나 물리적인 속성 역시 아닐 걸세."

홈즈는 왓슨에게 예를 들면서 설명해달라고 부탁했다. 왓슨은 조금 생각에 잠기더니 말을 이어나갔다.

"예를 들어 내가 홍차 맛을 느낄 때, 홍차의 이러저러한 맛은 질량을 가지지도 않고, 크기를 가지지도 않지. 또한 공간을 점유하고 있지도 않다네. 그 느낌을 가질 때 내 뇌 안을 열어보아도 홍차 맛의 느낌은…마치 사과 한 개가 바구니 안에 있듯이 어떤 자리를 차지하고 있지는 않을 테니까. 따라서 이런 상태나 속성의 담지자 역시 물리적인 존재가 아닐 것이네. 이 문제는 다음에 다시 얘기하기로 하세. 워낙 복잡한 문제들이 얽혀 있어서 말이야. 자네가 갑자기 질문을 던져 좀 당황했는데…나는 정신적 상태들은 결국 인식론적으로든 존재론적으로든 환원되지는 않는다고 생각하고 있다네. 하지만 이에 대한 설득력 있는 근거는 아직 찾지 못했네."

홈즈가 다시 한번 빠른 박자로 자리에서 벌떡 일어나더니 기지개를 켜기 시작했다. 그리곤 두 손을 율동하듯 흔들더니 손마디를 주물렀다. 그는 목을 몇 바퀴 여유 있게 돌리고 난 후 멋지게 연설하는 멋진 배우의 자세를 취하며 말했다.

"아주 훌륭하네, 왓슨. 자네에게도 이젠 제법 형이상학자의 모습이 보이는 것 같군. 나와 함께 그 근거를 한번 찾아보지 않겠나? 장담할 수는 없겠지만 결코 빈손으로 돌아오지는 않을 걸세!"

동일성의 조건

턱을 괸 채로 난로 앞을 왔다 갔다 하던 홈즈는 소파에 앉아 무언가를 응시하던 왓슨에게 먼저 말을 건넸다.

"플레이스가 '정신적 상태는 신경 상태와 동일하다'라고 말할 때, 동일하다는 말은 무슨 의미겠는가? 동일함의 기준을 플레이스는 뭐라고 생각하는가?"

왓슨은 단도직입적인 홈즈의 물음에 정신이 번쩍 들었다. 그리고 순간 '왜 나는 이런 걸 생각해보지 못했을까?'라고 생각했다. 아마 그동안 홈즈를 바라보며 만 번 이상 할 수밖에 없었던 왓슨 표 자책이리라!

"누군가 내게 묻기 전까지 나는 동일성이 무엇인지 알고 있다네. 그러나 누군가 내게 동일성이 무엇이냐고 묻는다면, 나는 내가 그에 대해 잘 모르고 있었다는 걸 알게 된다네."*

---

* 아우구스티누스(St. Augustine)의 『고백록』 중에서.

"옛 거장의 명언을 패러디 할 때는 연기력이 뒷받침 되어줘야 더 재미가 있다네, 하하, 친구, 연기력 연습을 좀 해야겠군. 아직 배울 수 있는 시간이 많지 않은가?"

두 사람은 서로를 바라보며 웃었다. 두 사람 사이에 잔물결의 일렁임 따위에는 흔들리지 않는 깊고 묵직한 우정이 느껴졌다.

"나의 거친 표현을 감안해서 들어주게나. 집합 A와 집합 B가 동일하다는 것은 A의 원소 a, b, c, d…와 B의 원소 a, b, c, d…가 전부 동일하다는 것을 요구하지 않겠는가?* 가령, 왓슨과 홈즈는 동일하지 않네. 왜냐하면 우선 우리의 외모, 즉 키, 몸무게, 수염의 유무, 팔다리의 길이 등이 다르기 때문일세."

"음…괜찮은 발상인 것 같긴 한데…어렵군."

"그렇다면 자네의 홍차 찻잔과 나의 홍차 찻잔은 동일하겠는가? 어떤 의미에서는 동일하지만, 어떤 의미에서는 그렇지 않지. 두 찻잔 모두 같은 모델의 마이센Meissen 찻잔**이라는 점에서 동일하지만, 두 찻잔 모두 서로 다른 개별자라는 점에서 둘은 동일하지 않겠지. 아무리 겉보기에 두 찻잔이 동일한 것처럼 보여도, 둘은 동일하지 않다는 얘기일세. 내 동일성의 기준을 적용하자면, 가령 두 찻잔의

---

* 라이프니츠(G. W. Leibniz)의 구별 불가능자의 동일성 원칙(Principle of Identity of Indiscernibles)이다. 이 원칙에 따르면, 오직 A와 B의 모든 속성들이 동일할 때에만 A와 B는 동일하다.
** 마이센 자기는 고품질의 자기 공예품, 찻잔 등을 만드는 독일의 유명한 자기 공방이다.

분자 배열이 전적으로 같을 수가 없을 걸세. 즉 종류가 같음과 수적으로 같다는 것은 서로 다르다는 게 내 생각의 핵심일세. 마이센의 찻잔들은 마이센의 찻잔이라는 점에서 같지만, 각각의 찻잔들은 고유한 개별자인 셈이지."

왓슨은 콧수염을 만지작거리며 벽면을 응시하고 있다. 이는 왓슨이 뭔가에 집중할 때 보이는 버릇이다.

"결국 자네의 동일성 기준을 플레이스에게 적용한다면, 어떤 결과가 나오느냐라는 문제인데…."

"왓슨, 자네가 한번 추론해보겠나?"

왓슨은 천천히 그러나 무게감 있게 고개를 끄덕이더니 확신에 찬 목소리로 자신의 의견을 말하기 시작했다. 마치 승소를 확신하는 패기 넘치는 변호사처럼.

"자네의 동일성 기준을 플레이스의 동일론에 적용하자면, 결국 정신적 상태라는 집합 M의 모든 요소들과 신경 상태라는 집합 N의 모든 요소들은 같아야만 한다는 것이지. 그렇게 본다면, 두 집합은 동일한 집합이 아니라는 결론에 도달하게 되네."

"어떤 이유에서 그런가?"

"예를 들어 시인이 시를 창작할 때 특정한 신경 상태들이 발생할 것일세. 즉 플레이스 식으로 말하자면, 시를 창작하는 것과 특정한 신경 상태들의 발생은 동일하다고 볼 수 있지. 그러나 시의 경우 의미를 갖지만, 신경 상태에는 의미가 결여되어 있네. 아무리 과학이 발전한다고 해도, 어떤 시인도 시집 대신에 자신의 특정한 신경 상태에 대한 자료를 전시하지는 못할 걸세. 그 안에는 의미가 없기 때문이지. 다른 예로는 통증을 꼽을 수 있는데, 내가 내 손등에서 불에 타는 듯한 통증을 느낄 경우, 동일론에 따르면 그런 통증은 특정한 신경 상태와 동일하겠지. 그러나 이 경우 역시 신경 상태 어디에도 '불에 타는 듯한 느낌'은 존재하지 않네. 즉 두 경우 모두 신경 상태는 무언가를 결여하고 있는 듯 보인다는 말일세. 처음의 경우는 의미를, 두 번째의 경우는 느낌을 말이야."

"멋지군, 왓슨. 사실 동일성의 기준에 대한 언급까지만 내가 명확히 생각했을 뿐, 그것을 플레이스의 동일론에 적용하지는 않았었네. 그러나 자네의 생각에 동의하네. 기회를 주지 않았다면 어떻게 할 뻔했나?"

"나이가 들어도 명탐정 홈즈의 칭찬을 들으니 기분이 좋구만."

"하지만 만족하기에는 이르네. 왓슨, 자네가 지적한 난점을 플레이스와 그의 지지자들이 어떻게 방어할지는 지켜봐야 하겠지만 다른 난점도 있을 것 같아. 그 난점이 어쩌면 플레이스의 동일론에 큰 타격을 줄 수도 있을 것 같군."

돌고래가 된다는 것

왓슨은 집에 들러 아내와 저녁 식사를 했다. 그사이 홈즈는 영화관에

들러 영화를 한 편 보았다. 돌아와서는 레이첼 양이 만든 꿩 요리로 저녁 식사를 마쳤다. 레이첼 양은 홈즈가 방에 머무를 때면, 늘 예쁜 꽃을 화병에 꽂아 방 안에 두었다.

홈즈는 레이첼 양이 자신을 짝사랑하고 있다는 걸 알고 있었다. 그녀가 언제 홈즈가 베이커 가로 돌아오는지 왓슨에게 묻곤 했다는 사실도 홈즈는 알고 있다. 하지만 홈즈는 레이첼 양을 사랑하지 않았다. 레이첼 양이 매력이 없어서도, 나이 차이가 많이 나서도 아니다. 단지 사랑하는 시간이 아깝다고 생각하기 때문이다. 사랑하는 시간에도 세계 곳곳에서는 여전히 범죄 사건이 발생하며, 난제들을 풀기 위해 수많은 사람이 열정을 불태운다는 사실을 생각하면, 홈즈에게 사랑은 영원한 사치에 불과하다. 물론 이런 자신을 정당화하려는 생각은 없었지만, 그는 자유를 온전히 누리고 싶어 한다.

홈즈가 부지깽이로 벽난로에 불붙은 나뭇조각들을 정리하고 있을 때, 왓슨이 들어왔다.

"부인과 겨우 저녁 식사만 하고 바로 오는 건가?"

"뭐 다른 할 일이라도 있단 말인가?"

외투와 모자를 옷걸이에 걸며 왓슨이 다시 말을 이었다.

"사실 아내가 오늘 런던 바흐학회에서 연주회를 해야 해서 더 머무를 시간이 없었네. 아내의 바흐 연주는 집에서도 많이 들을 수 있지만, 자네와의 대화는 그렇지 않으니깐. 워낙 신출귀몰해서 나조차도 자네를 만나기가 쉽지 않아서 말이지."

홈즈는 부지깽이를 벽에 세워두고는 책상 옆 바이올린 거치대에서 바이올린을 꺼냈다. 그리고 바흐의 바이올린 파르티타 2번 중 샤콘느를 연주하기 시작했다. 언젠가부터 홈즈는 범죄 수사 이외에도 자신이 열정을 쏟는 모든 일에서 완벽주의자의 모습을 보이기 시작했다. 몇 번의 실수가 있었지만, 왓슨은 홈즈의 샤콘느 연주에 놀라지 않을 수 없었다.

"레이첼 양! 들어오셔도 됩니다!"라고 홈즈가 말하자, 방문이 열리면서 볼이 빨갛게 상기된 레이첼 양이 수줍은 표정을 띠고 나타났다.

"열쇠 구멍으로 당신의 하얀 원피스가 보이더군요. 제 연주는 어떻던가요?"

"몰래 들으려고 한 건 아니고, 지나가다 아름다운 선율에 이끌려 문에 귀를 대고 듣지 않을 수 없었어요. 어머니께서 홈즈 씨가 한밤중에도 가끔 바이올린 연습을 하신다는 얘기를 몇 번인가 하셨는데…이 정도 실력인지는 몰랐거든요."

홈즈는 으쓱해했다. "레이첼 양, 세상에 공짜는 없습니다. 런던에서 가장 맛있는 홍차 두 잔을 부탁해도 되겠소?"

레이첼 양은 환한 미소를 지으며 문을 닫고 주방으로 내려갔다. 왓슨은 레이첼이 안타깝게 느껴졌다. 홈즈를 사랑하는 마음이 커질수록 그에 비례해 고통만 더 커질 것이라는 사실을 잘 알기 때문이다. 홈즈는 왓슨의 마음을 읽기라도 한 듯 다시 철학적인 논의로 왓슨의 관심을 돌리고자 했다. 물론 해야 할 대화도 많았다.

"왓슨, 자네도 이런 생각을 해본 적이 있는가? 찻잔의 단단함과 홍차 맛에 대한 느낌은 서로 다른 성질일 수 있다는 생각 말이네."

"바이올린 연주의 여운을 음미할 시간도 주지 않을 생각인가?" 왓슨은 소파에 앉아 홈즈의 얘기에 귀를 기울일 준비를 했다.

"들어보게나. 찻잔의 단단함과 같은 성질은 과학적으로 설명할 수 있지. 찻잔의 분자 구조를 분석해보는 경우처럼 말일세. 다이아몬드의 견고함은 그 독특한 분자 구조에서 비롯되지 않는가? 그와 마찬가지로, 내가 홍차를 맛볼 때 생생하게 느끼게 되는 맛도 홍차의 분자를 분석하거나 신경 세포의 전기신호를 분석해보는 것만으로 설명될 수 있을까?"

"글쎄…그런 생각은 해보지 않았지만, 흥미롭군. 자네가 내 견해를 물어보는 것 같아 말하자면, 홍차가 분자와 같은 더 작은 물리적 입자들로 구성되어 있는 것은 사실이지만, 누군가 홍차를 맛볼 때의 느낌은 그 홍차를 이루는 구성 요소들 속에서 발견되지는 않을 것 같은데…게다가 소리를 듣거나, 냄새를 맡을 때, 맛을 감지할 때, 신경 세포들이 주고받는 전기 신호를 분석해도 홍차 맛에 대한 느낌은 알 수 없을 것 같네."

"음…나도 그렇게 생각하네. 아까 영화관에서 영화 한 편을 보았다네. 해양 생물학자이자 조련사인 한 남자와 돌고래의 우정을 그린 영화였어. 보통 나는 내가 몰두하는 문제를 잠시 잊기 위해 영화를 보곤 했지만, 오늘은 달랐네. 영화를 보면서 우리가 나누던 주제와 관련해서 어떤 아이디어를 얻었다네. 정확히 말하자면, 이전에 떠올랐던 영감에 대한 확신이 들었다고 해야겠지만."

"돌고래와 인간의 우정을 그린 영화가 어떻게 플레이스의 동일론과 연관이 된다는 건지 언뜻 이해가 되질 않네. 자네가 그냥 설명을 해주게나."

"영화에서 해양 생물학자인 고든은 돌고래 연구로 세계적인 명성을 얻고 있었네. 그는 이미 서른 중반에 세계 최초로 돌고래의 뇌 지도를 만들었지. 그 후 돌고래의 정신적 능력에 관여하는 신경 과정을 모두 밝혀내었네. 예를 들어 돌고래가 물고기 사냥에 성공하면 환호성을 지른다는 것을 알아냈지. 그리고 사냥에 성공한 돌고래에게서 기쁨과 행복의 호르몬이라고 불리는 도파민이 분비된다는 것을 알아냈어. 고든은 그 도파민이 어디에서, 어떤 경로로 생성되고 분비되는지도 알아냈지. 나이가 들어 대학에서 은퇴한 고든은 바닷가에 아담한 저택을 짓고 남은 생을 살아가게 되네. 어느 날 새벽, 그는 여느 날처럼 해안가를 따라 조깅을 하다가 파도에 떠내려 온 어린 돌고래를 발견하게 되네. 돌고래는 입에 걸린 낚시 바늘을 빼내지 못해 고통스러워하고 있었지. 고든은 그 돌고래를 구해주었고, 다시 바다로 돌려보냈어. 그런데 그 돌고래는 저녁마다 고든을 만나러 오기 시작하는 거야. 그렇게 영화는 고든과 돌고래의 우정을 아름답게 그리고 있다네."

"놀랍군. 자네가 그런 로맨틱한 영화를 보다니 말이야!"

"황혼녘, 붉게 물든 바다에서 고든과 돌고래가 서로 얼굴을 마주하며 우정을 나누는 장면은 정말 아름다웠네! 왓슨, 중요한 장면은… 돌고래가 고든을 만날 때면 즐거운 듯 소리를 지르는데, 어느 날 고든은 깨달음 하나를 얻게 되지. '지금까지 나는 돌고래의 권위자로서 돌고래의 모든 신경 과정에 대한 비밀을 밝혀냈다. 그런데 나는 지금 물속에서 나와 함께 있는 돌고래의 의식을 알 수가 없다. 돌고래가 틀림없이 생생하게 느끼고 있을 그 의식의 내용, 즉 '이러저러하게 느끼는 바'에 대해서 나는 알 수 없다. 내가 단지 이 돌고래가 아니기 때문일까? 이 돌고래가 아니면 알 수 없는 내용이 있다는 것일까? 그렇다면 나의 지식은 다 무엇이란 말인가!'"*

"음…안개가 조금씩 걷히는 느낌이 드는군….."

왓슨은 점점 더 홈즈의 얘기에 빠져들었다. 홈즈는 젊었을 때 사건 해결의 과정을 설명할 때와 같이 명쾌하고 거침없이 말을 이어갔다.

"이미 이야기했듯이, 플레이스의 동일론은 정신적 상태나 속성이 곧 신경 상태나 속성이라고 주장하고 있네. 이 말은 어떤 특정한 신경 상태를 확인하면 곧 어떤 특정한 정신적 상태를 확인할 수 있음을 함축하고 있네. 가령, 누군가의 신경계에서 특정한 신경 섬유가 활성

* 홈즈가 언급하는 돌고래의 예는 우리 지구에서 철학자 네이글이 자신의 논문 "박쥐가 된다는 것은 어떤 것인가?"(1974)에서 박쥐의 예를 든 것과 비슷하다.

화 되는 것은 곧 그가 콕콕 찌르는 듯이 통증을 느낀다는 것을 의미하지. 마치 H_2O의 분자구조가 있다면 그것이 곧 물이라는 것을 의미하듯이. 그렇다면 결국 고든이 얻은 깨달음은 무엇을 암시해주고 있겠는가?"

"신경 상태에 대한 지식만으로 알 수 없는 어떤 앎의 내용이 있다는 것 아니겠는가?"

"그렇다네. 통증이란 상태는 사체가 부패하거나 꽃이 시들거나 하는 물리적 상태와 달리, 감각적 관찰로 확인할 수 없다는 특징을 가지지. 누구도 줄리엣 역을 연기하는 연기자가 갖고 있는 슬픔, 비통함 등과 같은 상태 그 자체를 감각적으로 확인해볼 수 없네. 또한 자연 내의 대부분의 상태는 객관적이네. 누구에게나 이 접대용 책상은 30kg이지. 물과 H_2O의 관계와 달리, 마음의 상태는 그것을 경험하는 주체를 가정할 수밖에 없네. 그렇지 않겠나? 그렇다면 통증이나 슬픔 같은 마음의 상태는 그 상태를 경험하고 있는 주체에 의존적일 수밖에 없겠지. 나는 플레이스가 이런 점을 간과하고 있다고 생각하네. 통증은 늘 누군가에게 어떤 경험으로서 존재하지."

"젊은 베르테르의 경우를 예로 들자면…사랑과 번민의 체험은 호르몬이나 신경 화학적 작용에 의해 발생하는 것이겠지만, 정확히 그 체험이 어떤 것인지는 베르테르 자신만 알 수 있지 않겠는가?"

"좋은 예네, 친구…누군가에게 실연의 상처는 별 것 아닐 수도 있지만, 베르테르에게는 그것이 탈출할 수 없는 절망이었네. 베르테르가 느꼈을 그 절망과 슬픔의 감정은 오직 당사자인 베르테르만이 접근할 수 있네. 그런 점에서 마음의 상태는 일인칭 시점을 통해서만 접근 가능하지. 반면에 마음의 상태를 제외한 상태나 속성은 삼인칭 시점을 통해서만 접근 가능하고. 이런 이유로, 고든은 그 돌고래 친구에 대한 신경 지식을 가지고 있었음에도 불구하고, 그의 의식 속에 주어진 내용에 대한 지식은 가질 수 없다는 생각을 하게 된 것이지. 돌고래의 의식 속에 주어진 내용은 오직 당사자인 돌고래만이 접근할 수 있고, 객관적이라기보다는 주관적이며, 감각적 관찰로 확인해 볼 수는 없네. 결국 이 모든 것이 말해주는 바는 무엇이겠나?"

"두 종류의 상이한 지식이 존재한다는 것 아니겠는가?"

"바로 그것이네! 신경 상태를 안다는 것과 마음의 상태를 안다는 것은 본질적으로 다른 지식이라는 거야! 그런 이유로, 아무리 돌고래의 신경계에 대해 완전한 지식을 가지고 있더라도, 어느 순간에 돌고래가 느끼는 바의 내용에 대해서는 알 수 없는 것이지."

"만일 그렇다면, 마음의 상태에 대한 지식은 신경 상태에 대한 지식으로 환원될 수 없게 되겠군."

"그렇다네. '이러저러하게 느끼는 바'에 대한 앎은 오직 당사자에게만 접근 가능하기 때문이네."

"하지만 유의해야 할 점이 하나 있네. 지금까지 내가 보여준 논증은 하나의 실재에 대한 두 개의 상이한 측면에 대한 것이야. 언젠가 과학과 형이상학이 발전하면, 왜 하나의 실재가 이런 두 개의 상이한 측면을 허용하는지에 대한 이론이 등장할 수도 있겠지."

"어쨌든 오전에 자네가 제시한 동일성의 기준과 관련해서 생각해보면, 이런 마음의 상태에 대한 지식과 신경 상태에 대한 지식이 서로 다르다는 것은 곧 이 두 상태가 동일하지 않다는 말이지 않겠는가?"

"내 동일성의 기준을 받아들인다면, 그런 결론을 이끌어낼 수 있을 걸세. 동일성 문제와 무관하게, 고든의 예에 따르면 자네 모임의 급진과 지지자들이 공유하고 있는 어떤 믿음을 재고하도록 만들 수 있다고 본다네. 내가 알기로 그들은 자연의 모든 사건이나 상태 등은 곧 물리적인 사건이나 상태로 간주하지. 그리고 그런 이유로 모든 사건이나 상태를 과학적으로 설명할 수 있다고 믿고 있네. 그들은 '과학만 발전한다면, 마음의 상태도 과학적으로 설명될 수 있습니다. 예외는 없습니다'라고 즐겨 말하지. 고든의 예는 그들이 꿈꾸는 장밋빛 미래에 그림자를 드리우게끔 만드는 듯 보이네. 신경 상태에 대한 완전한 지식을 갖고 있다고 하더라도, 외부자가 '이러저러한 바'를 느끼고 있는 당사자의 의식 내용에 접근하는 것이 가능하지 않다는 게 옳다면 말일세."

"혹시 스윈번 경과 자네의 생각에 대해 토론해봐도 되겠는가?"

"물론이지. 다만 나에 대한 언급은 하지 말아주게."

레이첼 양의 노크 소리를 듣고서야 두 남자는 시간 가는 줄 모르고 대화를 나눴다는 걸 알게 되었다.

레이첼 양이 홍차와 마들렌이 담긴 접시를 들고 왔다. 마들렌을 직접 만드느라 시간이 좀 걸렸다고 말했다. 레이첼 양은 시장에 다녀오겠다며 금세 밖으로 나갔다. 홈즈는 레이첼 양이 나가자마자 기다렸다는 듯 눈빛을 반짝거리며 대화를 시작했다.

"보수파가 환영할 만한 아이디어가 하나 더 있네."

왓슨은 홈즈가 자신과 함께 있을 때 레이첼 양이 들어왔다 나가면, 홈즈가 자신이 레이첼 양에 대한 얘기를 못 하도록 다른 생각을 할 기회를 주지 않으려 한다는 걸 잘 알고 있었다. 왓슨은 마들렌 하나를 꿀꺽 삼키고는 홈즈의 생각에 집중하기 시작했다.

"이런 가정을 한번 해보자고. 고든 박사가 무슨 이유에서인지 몰라도 오직 명암만 존재할 뿐 어떤 색깔도 칠해지지 않은 방 안에서 갇힌 채 자라게 되었다고 말일세. 그곳엔 많은 책이 있지만 오직 흑백으로만 되어 있지. 똑똑한 고든은 그곳에서 인간이 색깔을 인식하는 문제와 관련된 모든 물리적·신경적 지식을 획득하게 되지. 빛의 광학적 특징, 망막 안에 있는 세 종류의 원추 세포, 시각적 정보가 뇌 안에서 처리되는 과정 등에 대한 완벽한 지식 말일세. 어느 날 고든은 그 방에서 나오게 되네. 그리고 하얀색으로 칠해진 복도 바닥에 놓인 빨간색 물체 하나를 보게 되네. 왓슨, 고든은 그 물체를 보자마자, 그 물체가 빨간색이라는 것을 알 수 있겠는가?"*

---

* 이 예는 우리 지구의 철학자 잭슨(F. Jackson)이 그의 논문 "메리가 몰랐던 것"(What Mary Didn't Know, 1986)에서 선보인 소위 "메리 사고실험"과 비슷하다.

"글쎄, 아직 잘 모르겠는걸?"

"나는 직관적으로, 고든은 그 색이 빨간색이라는 것을 알아차리지 못할 거라는 생각이 든다네. 고든이 그 물체를 확인해본 결과 그 물체가 책에서 보았던 사과라는 사실을 알아낸다고 가정해보세. 그리고 흑백으로 된 책에서 사과의 색깔이 보통은 빨간색이라는 내용을 떠올렸지. 아마도 고든은 '이게 바로 빨간색이구나. 빨간색을 본다는 것은 이런 것이구나!'라고 놀라워하지 않겠는가?"

"그러니까, 고든이 색깔에 대한 광학적 지식과 색깔 인식의 신경 과정에 대해 모조리 알고 있음에도 불구하고, 어떤 색깔을 본다는 것이 무엇인지 알기 위해서는 뭔가를 추가로 학습해야 한다는 말인 건가?"

"그렇다네 왓슨. 어떤 것이 '빨간색'이라는 사실을 알기 위해 추가 학습이 필요하다는 것은 결국 '빨간색'이 신경적·물리적 상태와는 뭔가 다른 종류의 상태라는 걸 의미할 수 있다는 것이지."

"그 다른 종류의 상태는 결국 과학적 접근만으로는 파악할 수 없는 그런 상태라는 것인가?"

"그렇다네. 우리는 일상에서 그런 상태를 많이 경험하면서 살아가고 있지. 이 마들렌의 맛을 느낀다든지, 홍차의 맛을 느끼는 일, 바흐의 샤콘느를 들을 때의 느낌, 장미의 향기, 짝사랑의 경험 등등 이루 셀 수가 없을 정도지. 이런 상태나 속성은 비록 그것이 가능하기 위해서 어떤 생물학적 토대를 필요로 한다고 해도, 그러나 생물학적 토대에 대한 분석만으로는 접근할 수 없는 영역에 속한다는 것이지. 정확히 이런 이유로 상상 속의 고든은 바닥에 놓인 물체가 빨갛다는 사실을 알아내지 못했던 것이고. 왓슨, 나의 직관이 옳다면, 자네 모임의 급진파 지지자들의 생각과 달리 자연은 과학적 접근에 그리 호락호락하지 않을 걸세. 자연은 그들이 생각하는 것보다 더 풍요롭다는 말일세. 과학이 아무리 발전을 한다고 해도 그 풍요로움은 여전히 사라지지 않을 수도 있을 거란 말이네."

왓슨은 당장에 아무런 반응도 할 수 없었다. 왓슨은 전율을 느꼈다. 자연과 자연을 엿보려는 이런 모든 노력이 돌연 경이롭게 느껴졌다. 홈즈와 대화를 마치면 뭔가 명확해지는 듯하면서도, 다시 생각이 복잡해졌다. 자연은 자신의 모습을 아주 조금 보여주는 듯하다가도 다시 한없는 부끄러움으로 멀리 도망을 가버리는 것 같았다. 그때였다. 레이첼 양이 들어왔다. 붉은 샐비어 꽃이 심긴 작은 화분을 들고서 말이다.

"장보러 갔다가 샐비어 꽃이 너무 예뻐서 화분 두 개를 사왔어요. 하나는 홈즈 씨의 책상 위에 올려놓으려고요."

레이첼 양은 책상 위에 화분을 올려놓고는 다시 나갔다. 왓슨은 레이첼 양이 고개를 돌릴 때 뺨이 상기된 것을 보았다. 큰 눈에는 슬픔이 깃들어 있는 것만 같았다. 왓슨은 홈즈에게 낮은 목소리로 물었다.

"그런데 홈즈. 자네 정말 결혼할 생각이 없는 건가?"

"난데없이 무슨 소리인가? 결혼에 대한 내 생각에는 변함이 없다네."

"레이첼 양을 볼 때마다 느끼는 건데, 그녀가 자네를 짝사랑하고 있다는 느낌이 들어서 말이야."

"응답 없는 짝사랑은 언젠가 식게 마련이지. 신경 쓰지 말게나."

"퉁명스럽기는…하긴 자네가 결혼을 해서 부인과 아이들이랑 산책을 나가는 모습은 상상할 수조차 없이 낯설긴 하다네."

홈즈는 왓슨과 함께 외출을 하기 위해 겉옷을 걸치며 붉은 샐비어 꽃을 유심히 쳐다보았다.

"샐비어 꽃의 붉음을 경험할 수 있다니…이미 나쁘지 않은 인생이군." 홈즈는 혼잣말하듯 웃으며 중얼거렸다.

두 사람은 여느 때처럼 지하실로 나 있는 좁은 나무문으로 빠져나가 거리로 나갔다. 소수의 신문 기자들 외에 신문에 실린 흐릿한 사진만으로 홈즈의 얼굴을 실제로 알아보는 사람은 거의 없었다. 새콤하면서도 기분 좋은 가을 공기가 두 남자를 반겨주었다. 또 언제 만나게 될지 기약 없이 두 남자는 헤어졌고, 서로의 갈 길을 갔다.

많은 이들의 예상이 빗나갔다. 플레이스는 급진파의 구세주가 된 듯했으나, 그의 영향력은 그리 오래가지 못했다. 그 이유는 두 가지였다. 우선 동일론을 향한 큰 타격은 의외로 급진파의 지지자인 퍼트남H. Putnam에 의해 이뤄졌다. 그 뒤를 이어서 홉즈의 아이디어를 발전시킨 보수파의 스윈번 경과 네이글T. Nagel의 논문이 타격을 주었다. 퍼트남, 스윈번 경, 네이글의 연이은 공격으로 동일론 지지자들은 혼란스런 상황에 직면했다. 그들 사이에서도 플레이스의 동일론을 더 이상 고수하기가 힘들다는 견해가 힘을 얻어가고 있는 중이다.

퍼트남은 상당히 독창적인 견해를 제시했다. 그는 정신적 상태를 "기능적 상태"functional state로 볼 것을 제안했다. 즉 통증은 어떤 기능을 가진다. 곧 신음을 내게 만들고, 몸을 웅크리게 만들거나, 혹은 통증의 원인 제공자로부터 벗어나려는 시도를 하게 만든다. 퍼트남은 이런 기능은 특정한 신경 토대에서뿐만 아니라 다양한 신경 토대, 더 나아가 다양한 물리적 토대에서도 실현될 수 있다고 주장했다. 예를 들어 실험자들이 일부러 무지개송어에 벌침을 놓았는데, 그때 무지개송어는 쏘인 부위를 바닥에 놓인 돌에 문지르려는 시도를 한다. 통증이 어떤 기능을 수행하도록 한다는 점에서 보면 무지개송어도 통증을 느낌이 분명하다. 그러나 송어에게 통증을 일으키는 신경 과정은 인간의 그것과는 다르다. 따라서 통증이라는 정신적 상태 X가 특정한 신경 상태 Y와 동일하다는 플레이스의 동일론은 틀렸다. 왜냐하면 통증이라는 정신적 상태는 굳이 Y에서가 아니더라도, 다양한 신경적·물리적 토대에서 실현될 수 있기 때문이다. 따라서 모든 종을 초월해서, 또한 모든 가능한 세계를 초월해서 성립되는 그런 동일관계는 성립할 수 없다. 급진파 지지자들은 퍼트남의 입장에 "기능주의"funtionalism라는 이름을 붙여주었으며, 최근에 플레이스의 동일론을 버리고 퍼트남의 새로운 입장을 지지하는 사례가 늘어나고 있다.

　보수파의 지지자인 네이글은 홈즈의 첫 번째 아이디어를 잘 정리하여 "돌고래가 된다는 것은 무엇인가"라는 논문을 발표했다. 네이글은 고든이라는 천재적인 생물학자가 돌고래의 신경계에 대한 완전한 지식을 가지고 있다 하더라도, 특정한 시점과 상황에서 돌고래의 의식에 주어진 바에 대해서는 알 수 없다는 홈즈의 주장을 논리적으로 전개했다. 네이글은 하나의 단일한 물리적 세계는 두 개의 상이한 앎을 허용한다는 점 역시 강조했다. 즉 삼인칭 시점을 통해 파악되는 앎과 오직 일인칭 시점을 통해서만 파악되는 앎이 있다. 전자는 객관적이지만, 후자는 주관적이고 사적이다. 가령, 레이첼 양의 키가 167cm라는 앎은 전자에 속하지만, 홈즈를 짝사랑하는 그녀가 홈즈를 바라볼 때의 느낌은 후자에 속한다. 짝사랑을 해본 사람은 레이첼 양의 마음 상태를 짐작해볼 수는 있겠지만, 레이첼 양이 느끼는 바로 그 무언가는 레이첼 양이 아니라면 알 수 없다. 만일 플레이스의 주장처럼 정신적 상태가 신경 상태와 동일하다면, 레이첼 양의 신경 상태에 대한 분석만으로 레이첼 양의 의식에 주어진 그 앎의 내용을 알 수 있어야 한다. 그러나 신경 세포나 신경 전달 물질을 아무리 현미경으로 관찰해도 레이첼 양의 의식에 주어진 내용이 관찰될 리 만무하다. 우리는 누군가를 얼마나 사랑하는지 알기 위해서 신경과 의사를 찾지 않는다!

보수파의 수장인 스윈번 경은 홈즈의 두 번째 아이디어를 듣자마자 무릎을 탁 치며 "바로 이거야!"라고 외쳤다. 물론 나는 누구에게도 홈즈의 생각이라는 얘기는 하지 않았지만. 스윈번 경의 제자인 잭슨F. Jackson이 "속성 이원론과 물리주의의 한계"라는 제목의 논문을 발표하여, 플레이스의 동일론 지지자들과의 큰 갈등을 불러일으켰다. 잭슨은 홈즈의 사고 실험을 그대로 인용했다. 명암만 구분할 수 있는 방 안에 갇혀 인간의 색채 경험에 대한 신경적·광학적 과정에 대한 완전한 지식에 도달한 고든은 어느 날 방 안에서 나오게 된다. 그리고 복도의 바닥에 놓인 빨간색 물체를 보게 된다. 깁슨은 고든이 그 물체의 색깔을 즉시 분간하지 못할 것이라고 주장했다. 아무리 색채 경험에 대한 완전한 과학적 지식을 소유하고 있더라도, 그 물체가 사과이며 사과는 보통 빨갛다는 지식을 바탕으로 그 색깔을 추측하거나, 혹은 다른 누군가가 와서 "이건 빨간색 사과입니다"라고 말해주기 전까지는 그 물체의 색깔을 알아보지 못할 것이다. 고든에게는 새로운 학습이 필요하다. "바로 이걸 빨간색이라고 하는구나!"라고 알게 해주는 과정이 없다면, 고든은 과학적 지식만으로 영영 그 색깔을 알아맞히지 못할 것이다. 깁슨 경은 과학적 지식에 덧붙여 새로운 학습이 필요한 이유는 "빨간색을 본다는 것"이 물리적 속성이나 상태와는 뭔가 다른 상태이기 때문이라는 결론을 내렸기 때문이다. 과학적 지식으로는 파악할 수 없는 어떤 상태나 속성이 자연 내에 존재하며, 그것은 바로 의식에 주어지는 정신적 상태나 속성이라는 것이다.

스원번 경과 네이글로 대표되는 보수파 지지자들이 플레이스가 일으킨 불꽃을 잠재우는 데는 성공했지만, 스원번 경과 네이글의 마음은 편치 않았다. 결국 두 사람은 하나의 학파를 형성하려는 시도를 포기하고 갈라서기로 결심했다. 네이글은 비물리적인 상태나 속성을 가정하는 스원번 경과 잭슨의 입장에 동의할 수 없었다. 네이글이 보기에는 비록 의식적 경험이 주관적인 특징을 갖기는 하지만 그렇다고 해서 비물리적인 상태나 속성의 실재를 받아들여야 할 필요는 없었다. 의식적 경험이 오직 일인칭 시점에 의해 파악된다고 해서, 그에 상응하는 어떤 물리적이지 않은 영역이 실재한다고 볼 수는 없다. 실재는 하나이지만, 실재에 대한 두 측면이 존재한다는 네이글의 입장은 "이중측면 이론"double aspect theory으로 불리게 되었다. 반면, 잭슨은 고든 박사의 사고실험을 통해 물리적이지 않은 속성이 자연 내에 존재한다는 보다 강한 입장을 표명했다. 그는 의식 속에 주어지는 어떤 질적인 속성 그 자체와 물리적인 속성은 다르다고 말한다. 그런 이유로 복도 위에 놓인 물체의 색깔을 알기 위해 고든에게는 추가적인 학습이 필요했다. 스윈번 경은 잭슨의 입장을 "속성 이원론"property dualism이라고 불렀다. 그리고 네이글의 이중측면 이론에 대해서는 어정쩡한 이론이라고 비판했다. 스윈번 경은 어떻게 하나의 실재가 두 개의 측면을 허용하는지에 대해 과학이 발전하면 결국 설명이 가능해질 것이라고 대답하는 네이글의 입장을 교활한 속임수라고 매도하기까지 했다. 그는 우리의 의식적 삶의 실재성과 가치를 옹호하기 위해서 속성 이원론을 받아들여야 한다고 주장한다.

그렇다면 홈즈는 어떤 입장을 옹호하는 걸까? 이런 물음 자체가 쓸모없을 것 같다. 언젠가 그는 범죄 사건을 파헤치는 것보다는 대자연을 연구하고 싶다는 말을 한 적이 있다.* 비록 그는 내가 불러서 마지못해 오는 척하곤 하지만, 그의 마음은 자연의 비밀을 알고 싶은 열망으로 가득할 것이다. 그가 하나의 입장을 택하지 않는 이유는 그만의 믿음 때문일지도 모른다.

모든 가능성을 고려했을 때 불가능한 것을 제외하고 남은 것이 있다면,

---

* 코난 도일, 『셜록홈즈의 회상』 참조.

설령 믿기 힘들지라도 그것은 진실이다.[*]

어쩌면 그에게는 신중함을 위한 시간이 더 필요할지도 모른다.
그를 마지막으로 본 지 벌써 11개월이나 흘렀다.

[*] 코난 도일, 『녹주석 보관』 참조.

인간이 죽으면 어떻게 되는가?

영혼으로서 계속 존재하는가?

아니면 흙으로 돌아가고 마는가?

만일 영혼이 있다면, 그것의 정체는 무엇인가?

자연 내에 돌멩이, 꽃, 고양이, 책상 등과 같은

물리적인 사물 이외에 영혼이 들어설 자리는 있는 것일까?

감각적으로 느껴볼 수 없는 영혼의 유무에 대해

홈즈와 왓슨은 어디까지 생각의 한계를 넓혀갈 수 있을까?

두 사람은 영혼이라는 불가사의한 범인을 쫓는다.

밤중에 중절모를 쓴 채 불쑥 찾아온

해밀턴 목사와의 대화를 통해서.

3장

홈즈,
영혼을 추적하다

정말 과학으로 설명할 수 없는 어떤 초자연적인 일이 벌어지고 있단 말인가?
하지만 지옥의 사냥개가 어떻게 발자국을 남기고
사냥개의 대기 중에 울음소리를 울려 퍼지게 할 수 있지?

– 『배스커빌 가의 개』 중에서

해밀턴 목사와의 끝장 토론

홈즈가 오른쪽 다리에 깁스를 한 채 누워 있는 침대 옆 작은 책상에는 빈 찻잔 뒤로 몇 권의 책들이 쌓여 있었다. 홈즈는 그중 한 권인 『젊은 베르테르의 슬픔』을 읽고 있었다. 어느덧 뻐꾸기시계는 밤 10시를 알렸다.

마치 10시 정각을 기다렸다는 듯 방문을 가볍게 두드리는 소리가 들렸다. 레이첼 양이 문을 살짝 열고 얼굴을 수줍게 내밀며 손님 한 분이 찾아오셨다는 소식을 전했다. 이름은 해밀턴 목사라고 덧붙였다. 홈즈는 들여보내도 된다는 사인과 함께 고맙다는 말로 레이첼 양을 침소로 돌려보냈다. 이윽고 거구의 중년 남자가 들어왔다. 방 안이 그리 밝지 않은 데다 중절모를 쓰고 있는 탓에 남자의 눈빛은 잘 보이지 않았다.

"저쪽 의자에 앉으십시오. 해밀턴 목사님."

오랜 벗에 대한 존경과 예의가 깃든 목소리로 홈즈가 말했다.

"예고 없이 찾아와서 미안합니다. 당신이 여기 머문다는 얘기를 들었고, 또 이 시각에는 늘 깨어 있다는 걸 알기에 용기를 내서 찾아왔습니다. 이렇게라도 하지 않으면 만날 수가 없을 것 같아서…다리는 좀 괜찮습니까?"

"아침마다 해안가 숲길을 달리곤 하던 녀석이 도무지 나가려 하지 않길래 억지로 끌고 나갔지요. 달리다 보면 기분이 좋아질 것 같아서요. 그런데 갑자기 가파른 길에서 녀석이 흥분해서 날뛰지 뭡니까. 주인이 떨어진 줄도 모르고 날뛰는 바람에 오른쪽 정강이뼈가 산산조각이 나고 말았는데…나중에 조사해보니, 누군가 제 말의 먹이에 쥐약을 섞었더군요."

홈즈는 다리에 통증을 느끼는지 찡그린 표정을 지으며 누운 채로 잠시 다리를 감싸 쥐었다. 잠시 침묵의 시간이 흘렀다. 해밀턴 목사는 밤중에 불현듯 홈즈를 찾아온 자신의 선택이 다소 충동적이지는 않았는지 일말의 후회를 느끼는 듯했고, 홈즈는 해밀턴 목사와 어떤 대화를 나눠야 할지를 생각하는 듯 했다. 예의상 중절모를 벗는 건 잊어버린 듯했다.

"해밀턴 목사님, 우선 오해를 하나 풀고 시작하도록 하지요. 저는 목사님을 피한 적도 없고, 의도적으로 당신의 편지에 답을 하지 않은 것도 아닙니다. 범죄 수사를 그만 두고서 제가 시작한 일은 굉장한 고독을 필요로 하는 일이었습니다. 그 고독의 시간은 친숙하던 일상을 전혀 낯선 것으로 만들어버렸습니다. 아마도 이게 이유의 전부일 것입니다."

해밀턴 목사는 조용히 고개를 끄덕였다. 모든 걸 이해할 수 있을 것 같다는 뜻이었다.

"실은 왓슨 씨에게 당신의 근황에 대해 들을 수 있었습니다. 제가 당신과 속마음을 털어놓고 얘기하는 몇 안 되는 사람 중 한 사람이란 걸 알기에 말을 해준 것 같습니다. 홈즈 씨, 당신은 언제까지 당신의 특출한 이성을 형이상학적 문제 해결에 사용하실 생각이십니까? 이렇게 물어봐도 될까요?"

"글쎄요…고대의 한 현자는 '모든 인간은 천성적으로 알기를 원한다'라는 명언을 책의 첫 문장으로 택했지요.* 형이상학은 제게 낯설지 않은 그 어떤 것입니다. 범죄 사건에 매료되었을 때부터 어쩌면 형이상학은 그림자처럼 제 곁을 따라다녔습니다. 어느 날 저는 그 형이상학의 그림자를 발견했고, 마침내 그 그림자는 위대한 인간 본성의 빛 때문에 드리워진 것임을 알게 되었지요. 알고자 하는 열망의 빛 말입니다. 그것이 제가 범죄 수사라는 사다리를 밟고 형이상학의 세계에 발을 내딛게 된 이유입니다."

해밀턴 목사는 다소 떨리는 듯한 왼손으로 안경테를 만지작거리더니 다시 오른손으로 안경을 고쳐 쓰고는 말했다.

"저는 당신의 인생 경로를 방해하고 싶지 않습니다. 그러나 어떤 지름길이 있을 수도 있다는 점을 꼭 말해주고 싶습니다. 우리의 인생이 진리와 선함과 아름다움을 찾는 여정이라면 말입니다."

"그 지름길이란 무엇입니까?" 홈즈는 상반신을 베개 위로 들어 올리고 앉으면서 물었다.

"하나님을 아는 것이 바로 그 유일한 지름길입니다. 진, 선, 미는 오직 그분 안에서만 찾을 수 있습니다. 당신의 말처럼 모든 인간은

---

* 아리스토텔레스, 『형이상학』 첫 문장.

궁극적인 것을 알고자 하는 열망을 가집니다. 다만 일상의 분주함 때문에 느끼지 못하며 살아갈 뿐이지요. 그러나 형이상학은 그 열망을 결코 충족시켜주지 못합니다. 형이상학은 더 큰 물음표만을 남길 뿐입니다. 합리적 정신은 결국 시시포스처럼 헛된 수고만 하다가, 얻은 것보다 잃은 것이 더 많은 채로 소멸하게 될 것입니다. 한번은 왓슨 씨가 제게 고백하더군요. 당신과 대화를 나누고 나면, 일순간 명확해지는 듯하다가 다시 짙은 안개가 엄습해오는 느낌을 받는다고 말입니다."

홈즈는 침대에서 몸을 비스듬히 일으켜 앉으며 말했다. 몸이 많이 불편한 듯 보였다.

"당신이 상처 받을 수 있을지도 모르겠습니다만, 저는 예수 그리스도에게 별다른 관심이 가지 않습니다. 저는 오히려 자연과 인간에 관심이 있습니다. 만일 창조주가 자연과 인간을 창조했다면, 이들에 대한 탐구는 곧 창조주에 대한 탐구로 이어질 수 있지 않을까요?"

두 사람의 대화는 포도주와 초콜릿을 사온 왓슨의 방문으로 잠시 중단되었다. 왓슨은 학회 모임을 마치고 귀가하던 길에 홈즈에게 잠시 들렀다 갈 생각이었다. 해밀턴 목사가 와 있는 것을 보고 왓슨은 조금 놀랐다. 그리고 여기에 살고 있다는 정보를 해밀턴 목사에게 알려준 데 대해 홈즈가 화를 낼 수도 있겠다는 생각이 들었다. 한편으로는 해밀턴 목사가 좋은 목적을 가지고 방문해준 것일 테니 홈즈도 이해할 것이라고 생각했다.

8월의 여름밤은 이미 많은 이들을 살롱으로 불러들여 삶의 기쁨을 만끽하게 해주고 있으니, 이 시각 세 남자의 대화가 그리 특별한 것은 아니었다.

세 사람은 우선 홈즈의 건강 상태에 대해 잠시 얘기를 나누었다. 그리고 마치 예정이라도 되어 있다는 듯, 홈즈의 형이상학적 탐구에 대한 대화로 이어졌다. 해밀턴 목사가 조심스럽게 말을 꺼냈다.

"홈즈 씨, 제 말을 불쾌하게 듣지 말아주셨으면 합니다. 저는 솔직히 현재 진행되고 있는 그런 학술 활동이 당신에게 미칠 부정적인 영향이 걱정됩니다. 많은 이들이 신과 영혼을 등질 겁니다. 과학과 형이상학은 구원의 길을 열어주지 못함에도 불구하고 사람들에게 학문의 진보와 더 나은 미래라는 가짜 희망을 주기 때문입니다."

뒷 벽면에 드리워진 해밀턴 목사의 그림자 때문에 실내등이 두 개나 켜진 방 안이 평소보다 어두운 듯했다.

"해밀턴 목사님, 너무 비관적으로만 볼 필요는 없을 것 같습니다. 과학자나 형이상학자들 중에서도 믿음을 가진 사람들이 여전히 많으며, 이들 대부분이 과학으로 모든 것을 설명해낼 수 있다고 믿는 과학만능주의에 맞서고 있기 때문입니다. 이들의 노력이 없다면, 우리 사회는 과학 일변도의 사고방식에 대응할 힘을 잃게 될 것입니다."

해밀턴 목사는 동의한다는 듯 고개를 끄덕이며 왓슨의 말을 주의 깊게 경청했다.

"그런데 왜 영혼이 있다고 생각하십니까?"

홈즈의 갑작스런 질문은 방 안의 분위기를 묘하게 만들었다. 왓슨은 다소 난처해하는 표정을 지었고, 해밀턴 목사에게서는 진지해지다 못해 비장함이 느껴졌다.

"홈즈 씨, 하나님은 영이십니다. 그런 분과 교제하는 삶을 사는 우리는 영적인 존재일 수밖에 없습니다. 우리 안의 영혼 덕분에 하나님과 영적 교감을 나눌 수 있습니다. 하나님께서 인간을 다른 피조물보다 더 고귀하게 창조하신 결과이기도 하지요."

"하나님은 영이라는 말에 대해서는 대꾸할 만한 것이 조금도 없습니다. 단지 저는 오래전부터 우리 안에 영혼이 있다는 믿음이 뭔가 이상하지 않나 생각했지요."

"이상하다니요? 저를 포함한 많은 이들은 삶 속에서 영혼의 존재를 느끼며 살아가고 있습니다. 하나님과 영적인 대화를 나누고, 그를 통해 정욕으로 물든 육신의 지배력에서 자유로워집니다. 영혼의 존재는 증명이 필요 없는 체험의 대상이요, 새로운 삶의 근원입니다. 이 사실을 아셔야 합니다, 홈즈 씨."

홈즈는 해밀턴 목사의 표정에서 그가 길 잃은 어린양을 부르고 있는 듯 간절하게 이야기하고 있다는 사실을 간파할 수 있었다. 홈즈는 해밀턴 목사의 그런 마음을 충분히 이해했지만 쉽게 물러서지 않았다. 종교적 믿음과 자연에 대한 탐구 사이에는 어떤 일치점이 있다는 직관적 이해 때문이었다.

"해밀턴 목사님, 우선 저를 설득시켜주신다면 감사하겠습니다. 당신은 '우리 안의 영혼'이라는 표현을 사용했습니다. 저는 조금 당혹스럽군요. 우리는 무엇이고 또 우리 안의 영혼은 무엇이란 말입니까! 지금 침대에 비스듬히 앉아 있는 것은 무엇입니까? 홈즈의 몸뚱입니까? 아니면 홈즈의 영혼입니까? 아니면 그 둘의 결합물입니까? 왓슨이 저기에 앉아 있다고 말할 때, 저는 왓슨이라고 불리는 어떤 전체를 가리키지, 눈에 보이지 않는 영혼을 가리키지 않습니다. 지금 저의 말을 듣고 있는 당신은 무엇입니까? 영혼입니까? 아니면 해밀턴 목사라는 전 존재입니까? 영혼을 가정하면, '나'라는 존재가 너무 많이 생겨버리는 것 같군요."

"나는 곧 영혼입니다. 내가 무엇을 생각하고 느끼고 숙고하는 능력은 영혼에서 나옵니다. 육신은 썩어도 영혼은 남습니다. 그리고 부활의 날에 새로운 육신을 입고 부활합니다. 현세에서 누군가를 특정한 이름으로 지칭할 때는 영혼과 육신이 결합된 전체를 가리키겠지요. 그러나 인간의 본질적인 부분은 결국 영혼입니다."

초콜릿을 우물우물 씹으면서 왓슨이 해밀턴 목사의 말을 이어받았다.

"홈즈, 자네 말을 듣고 있으니 우리 학회에 가끔 오곤 하는 비트겐슈타인이라는 남자가 생각나는군."

"갑자기 누굴 얘기하는 건가?"

"아니, 중요한 건 아니지만…비트겐슈타인은 독일계 영국인으로 억만장자라고만 알려져 있네. 여름엔 날씨 좋은 도시의 별장에 있다가 겨울이 되면 런던에 들러 우리 학회에 참석을 하는데…지저분한 구레나룻과 수염은 그렇다 치더라도, 상대를 쏘아보는 눈빛으로 퉁명스럽게 질문 세례를 퍼붓곤 한다네. 특히 영혼을 믿는 학회원들에게는 공격으로 일관하지. 자네 말을 듣고 있으니, 언젠가 자네가 그를 한번 만나보면 좋을 것 같다는 생각이 들어서 말이야." 왓슨은 잠시 대화를 방해해서 미안하다는 듯 미소를 지으며, 정중한 목소리로 말을 이어나갔다.

"홈즈 자네도 알다시피, 나도 영혼을 믿고 있다네. 하지만 자네는 그런 나를 가끔 비아냥거리곤 했지. 물론, 조금도 기분이 나쁘지 않아. 다만 자네가 왜 영혼의 존재에 대해 회의적으로 생각해왔는지는 늘 궁금했다네. 오늘이 바로 그날이라고 생각해도 되겠나?"

홈즈는 몸을 다시 일으켜 고쳐 앉았다. 거구의 해밀턴 목사의 어깨 너머로 보이는 홈즈는 말라 보였다. 며칠 동안 다리 통증으로 음식을 제대로 먹지 못했기 때문이다. 다행히 레이첼 양의 간호 덕분에 끼니는 거르지 않을 수 있었고, 한밤중에도 진통제를 맞을 수 있었다.

"여러분 모두는 오래전 배스커빌 가에서 벌어진 사건을 기억하실 겁니다." 홈즈는 죽기 전 마지막 연설을 하는 영웅의 배역을 맡은 연기자라도 되는 듯이 포즈를 취하며 입을 열었다.

"찰스 배스커빌 경이 죽었을 때, 많은 사람들은 배스커빌 가에서 전설처럼 전해져오는 지옥의 개가 등장한 것이라고 수군거렸지요.

하지만 저는 그런 풍문을 믿을 수 없었습니다. 가장 먼저 배스커빌 경의 사체 주위에 개의 발자국이 남겨져 있었지요. 그래서 저는 사건의 원인이 결코 초자연적인 현상은 아닐 거라는 확신을 했습니다."

"물론 저는 그 사건의 전모를 알고 있습니다. 하지만 초자연적인 존재라고 해서 발자국을 남기지 못할 이유는 무엇입니까? 성경에는 천사가 우리 세계에 개입하는 장면이 나오지 않습니까?" 해밀턴 목사는 콧등에 걸쳐진 안경테를 슬쩍 밀어 올리며 말했다. 중절모 그늘 밑으로 그의 짙고 긴 눈썹과 상대를 살짝 내려다보는 눈빛을 엿볼 수 있었다.

"좋습니다, 해밀턴 목사님. 만일 그 지옥의 개가 물리적인 세계에 속하지 않은 비물리적인 존재라고 가정해봅시다. 무언가가 비물리적인 존재가 되기 위해서는 우선 공간을 차지하지 않아야 할 것입니다. 공간에 구속받지 않기 때문에, 먼 거리를 순식간에 이동하는 듯 보이는 것이겠지요. 또한 비물리적인 존재가 되기 위해서는 질량도 갖지 않아야 할 것입니다. 만일 지옥의 개가 비물리적인 존재, 즉 크기도 질량도 갖지 않는 존재라면 어떻게 발자국을 남길 수 있었을까요? 다시 말하자면, 공간을 아예 점유하지 않는 존재라면, 어떻게 공간에 자신의 족적을 남길 수 있었을까요?"

"글쎄…어떤 초자연적인 힘 때문이지 않겠는가?" 왓슨이 자신감 없는 목소리로 힘없이 답했지만 이내 너무 성급한 대답이었다고 생각했다.

"왓슨, 우리는 '초자연적'이란 표현이 그동안 얼마나 많은 것을 덮어버렸는지를 알아야만 하네!"

홈즈는 자신의 목소리가 조금 커졌다고 생각했는지 다시 호흡을 가다듬고 나지막하지만 분명한 어조로 말을 이어갔다.

"배스커빌 가의 사건이나 흡혈귀 사건* 등은 자연법칙에서 벗어나지 않는, 즉 과학적으로 설명이 가능한 사건들이었네. 그러나 사람들은 '초자연'이나 '비이성' 운운하며 사실을 왜곡하려고 했지. 문제는 만일 영혼이 존재한다면, 지옥의 개와 비슷한 물음을 야기한다는 점이네."

"그 물음이 뭡니까?" 해밀턴 목사는 거의 반사적으로 물었다. 왓슨은 해밀턴 목사가 물을 것을 알았기에 조용히 홈즈의 대답을 기다렸다.

"죄송하지만, 설명을 위해 극단적인 예를 하나 들어보겠습니다. 지금 제가 만일 권총으로 해밀턴 목사님을 겨누어 쏜다고 해봅시다. 제가 방아쇠를 당기고 나서 총을 방 한가운데다 던져버립니다. 해밀턴 목사님은 현장에서 즉사를 하고, 수사관들이 이곳에 달려옵니다. 만일 제자리에 그대로 있던 저와 왓슨이 침묵을 지킨다고 할 때, 수사관들은 이곳에서 어떤 일이 벌어졌는지 어떻게 추측할까요? 먼저 총소리를 들었다는 목격자의 증언을 듣고, 해밀턴 목사님의 몸에

---

* 코난 도일, 『서식스의 뱀파이어』 참조.

난 총상을 확인하면 총알이 발사되었다는 사실을 어렵지 않게 확인할 수 있겠지요. 그러면 누가 총을 발사했는지 어떻게 알아낼 수 있을까요?"

"지문을 확인하면 되지 않겠나?" 눈앞의 먹이를 낚아채듯 왓슨이 말했다.

"그것도 가능하겠지만, 지문이 일치하는지 알아보기 위해서는 시간이 소요될 것이고, 지문은 조작될 수 있는 가능성이 있다는 단점이 있네."

"수학이 개입되어야겠군요!" 해밀턴 목사가 짧게 말했다. 중절모의 그림자 속에서 얇고 긴 입술이 미소를 짓고 있는 걸 홈즈가 보았다.

"맞습니다. 저와 왓슨이 제자리에 있다는 걸로 가정할 때, 해밀턴 목사님이 있던 위치, 총상의 위치를 파악해서 총알이 어떤 궤도를 통해 날아왔는지를 확인하는 방법이 가장 객관적인 방법일 것입니다."

"아…!" 왓슨이 감탄사를 터뜨렸다.

"다시 말하면, 해밀턴 목사님께 총상을 입힌 총알이 왓슨으로부터 날아온 것이 아니라 제게서 비롯되었다는 것을 확인하는 방법이지요. 이건 일종의 짝짓기라고 볼 수 있습니다. 원인과 결과를 올바로 짝지어보는 것이지요. 이 경우 왓슨이 아닌, 제가 총을 발사한 행위가 해밀턴 목사님의 죽음을 초래한 원인이 될 것입니다. 그렇다면 이런 원인과 결과의 짝짓기가 가능할 수 있는 조건은 무엇일까요?"

해밀턴 목사는 미소를 지으며 왼손 손가락으로 의자의 팔걸이를 만지작거렸다. 왓슨은 광활한 사막에서 떨어진 단추를 찾기라도 하듯 초조한 모습으로 콧수염을 만지작거렸다. 뭔가를 급작스럽게 생각할 때 보이곤 하는 왓슨의 습관이었다. 벽시계의 초침 소리가 유난히 크게 들릴 정도로 깊은 적막이 흘렀다.

"홈즈 씨, 당신은 공간이라는 조건에 대해 말하고 싶어 하는군요. 신이나 영혼 같은 존재는 애초에 공간의 제약을 받는 존재가 아님에도 불구하고 말입니다." 해밀턴 목사는 침묵에 마침표를 찍고 싶은 듯 단호한 어조로 말했다. 홈즈는 해밀턴 목사의 대답을 기다리기라도 했다는 듯 말했다.

"그렇습니다. 목사님 말처럼 영혼은 공간의 제약을 받지 않는 존재입니다. 영혼은 공간을 점유하지 않는 존재지요. 따라서 우리의 신체가 각기 작은 부분으로 나뉠 수 있는 반면, 영혼은 나누어지지 않지요. 영혼은 신체에 깃들기도 하지만, 신체를 벗어나서 머물기도 합니다. 신체는 사멸하지만 영혼은 그렇지 않은 것이죠. 문제는 영혼이 신체를 조종하는 방식에 있습니다. 영혼이 공간을 점유하지 않는 존재라면 어떻게 공간을 점유하고 있는 신체에 모종의 물리적인 힘을 행사할 수 있을까요? 영혼은 지금 제 신체로 하여금 와인 잔을 들어올리게 하고, 향긋한 와인을 한 모금 마시라고 조종합니다. 그런데 물리적인 공간에 속하지도 않는 영혼이 어떻게 이런 일을 할 수 있을까요? 그전에 어떻게 영혼1이 신체2가 아닌 신체1의 움직임에 관한 원인이라는 것을 알 수 있을까요? 어떻게 영혼과 신체 사이에 올바른 짝지음이 가능할까요? 권총이나 총알과 달리 영혼은 공간을 점유하지 않음에도 불구하고 말입니다. 어떻게 영혼1은 신체1의 움직임에, 영혼2는 신체2의 움직임에 대응하는 원인일 수 있을까요? 또 어떻게 그것이 올바로 짝지어진 원인과 결과의 관계인지 알 수 있을까요?"*

홈즈는 서서히 흥분을 가라앉히고 말을 이어나갔다.

"공간을 점유하지 않는 존재는 원인이 되기 힘들어 보입니다. 공간은 인과관계가 성립하기 위한 필연적인 조건처럼 보입니다. 설령 공간을 점유하지 않는 영혼이 이 세계와 신체에 힘을 행사할 수 있다고 해도 여전히 문제가 남아 있습니다. 그 힘의 정체는 도대체 무엇일까요? 과학이 그 힘의 정체를 알아낼 수 있을까요? 확실한 점은, 지옥의 개는 공간을 점유하지 않는 악한 영혼이 아니었다는 것이지요. 범인이 인phosphorus을 발라 밤중에 빛이 나게 만들고 잔뜩 굶주리게 해서 필요 이상으로 포악해진 가여운 희생양, 그 개가 바로 전설 속 악마의 정체였던 것입니다."

---

* 김재권은 그의 논문 "외로운 영혼들: 인과성과 실체 이원론(Lonely Souls: Causality and Substance Dualism)"(2001)과 저서 『물리주의(*Physicalism or Something Near Enough*)』(2005)에서 인과적 짝지음 문제를 제시하며 실체 이원론을 비판하고 있다.

해밀턴 목사와 왓슨은 아무런 말도 없이 깊은 생각에 빠져들었다. 홈즈는 와인의 맛을 음미했다. 시원한 바람이 불어오는 창틈으로 사람들이 술에 취해 거리에서 노래를 부르고 떠드는 소리가 들렸다. 간간이 경찰들의 호루라기 소리도 들려왔다. 건전한 가치관을 가진 사람도 내일이 오지 않을 것처럼 한껏 취하고 싶어지는 멋진 여름밤이었다.

"홈즈 씨, 그런 회의 때문에 영혼을 믿지 못하겠다고 말한다면 저는 뭐라 할 말이 없습니다. 하지만 믿음은 반드시 증거를 필요로 하는 것이 아닙니다. 어린아이가 자신의 부모가 자신을 사랑하는지 알기 위해 증거를 수집해야 할 필요는 없지요. 신과 영혼에 대한 강한 믿음은 증거나 합리적 논증에서 나오는 것이 아닙니다. 우리는 몇 해 전 런던 역에서 기차 전복 사고가 발생했다는 사실을 압니다. 50명이 넘는 사망자가 발생한 비극이었지요. 만일, 그 사고의 순간 눈부신 빛이 나타나 넘어지던 기차를 다시 일으켜 세워주고, 그 빛으로부터 '나는 창조주 하나님이다. 나를 경배하라!'라는 음성이 들렸다고 해봅시다. 기차 안의 사람들뿐만 아니라 역에 있던 수백 명의 사람들이 그 장면을 목격했다고 칩시다. 과연 그 모든 사람들은 하나님을 믿게 될까요? 전혀 그렇지 않을 겁니다. 믿지 않는 사람들은 화학 공장에서 흘러나온 화학 약품 등을 원인으로 지목하면서, 자신이 목격한 것을 환영과 환청으로 치부하려고 할 것입니다. 또한 어떤 사람들은 그로 인해 믿음을 가지게 되었으나, 그와 맞먹는 기적을 꿈꾸다가

지쳐서 결국 믿음을 잃어버리게 될 것입니다. 홈즈 씨, 이게 인간입니다. 제가 완벽한 논증으로 영혼의 존재를 설명한다고 해도 그것이 당신의 믿음을 보장해주지는 못할 겁니다. 믿음은 증거와 논증을 필요로 하지 않습니다. 이해가 되지 않기에 믿음의 날개가 필요한 것이지요."

"잘 알겠습니다. 아마도 저와 목사님은 서로 다른 지점을 보고 있는 것 같습니다. 만일 지성, 감성, 의지를 가진 인격체로서의 신이 존재하는데, 그 신이 인간과 세계를 창조했다면 어떤 합리적인 질서가 있지 않을까요? 아무런 계획도 없이 집을 만들고, 기차나 배를 만들 수는 없겠지요. 신이 부여한 질서의 전부를 알 수 없을지라도, 그 질서는 적어도 합리적 정신과 충돌을 일으키지는 않을 거라고 생각합니다."

왓슨도 숨기고 있던 무언가를 신중히 꺼내놓으려는 표정을 지으며 말했다.

"해밀턴 목사님, 저 역시도 요즘 들어 영혼에 대한 믿음을 유지하기가 쉽지 않습니다. 목사님께서도 언론을 통해 들어서 어느 정도 알고 계시겠지만, 인간의 신경계에 대한 지식이 나날이 늘어나고 있습니다. 정신의 능력들은 불과 100여 년 전만 해도 영혼 때문이라고 여겨졌는데, 이제 뇌가 작동하기 때문이라는 사실을 부정하기는 힘듭니다. 우리들의 오랜 친구인 허드슨 부인의 남동생 윌리엄스 씨는 자신의 운동 속도에 맞게 그 움직임을 인식하지 못해 고통스런 나날을 보내고 있지요. 저는 블랙 경과 함께 그가 말에서 떨어지면서 시각 경험을 담당하는 뒤통수엽에 부상을 입었다는 사실을 확인했습니다. 시각 영역에 손상을 입어 사물의 형태를 인식하지 못하는 누군가는 시냇물에 떠내려가는 나뭇가지를 뱀으로 착각하거나, 색깔을 인식하지 못하는 누군가는 사랑하는 사람의 묘비 위에 시커먼 장미 몇 송이를 남겨놓고 쓸쓸히 돌아오지요. 말할 줄 아는 능력도, 추론하고 기억하는 능력도 모두 뇌의 활동 때문인 것 같습니다. 이런 이유로 저희 학술 모임에서도 영혼의 존재를 믿는 과학자들이 점점 줄어들고 있습니다. 머지않아 저조차도 돌아서게 될지도 모릅니다."

홈즈는 멀리 떨어져 앉은 왓슨에게 건배를 하는 시늉을 하고 와인을 한 모금 마셨다.

"그런데 이상하게도 기분이 좋은 밤이군요. 오늘밤 삶과 죽음이 서로 입맞춤을 하는 것 같습니다."

홈즈가 그렇게 말하자, 해밀턴 목사는 오른손으로 중절모를 살짝 눌러썼다. 왓슨은 지금 이 시간이 인생을 되돌아볼 때 기억에 남을 만한 소중한 시간일 거라고, 마치 한 잔의 잘 숙성된 와인처럼 자신에게 향기를 선사할 거라고 생각했다.

"해밀턴 목사님, 영혼에 대한 믿음이 왜 불합리한지에 대해 제 견해를 소개했습니다. 의심하는 제 마음을 탓할 수도 없고 탓해서도 안 되겠지요."

해밀턴 목사는 자세를 고쳐 앉으며 말했다. "홈즈 씨, 저도 알고자 하는 당신의 순수한 열망을 존중합니다."

"그렇게 봐주시니 감사합니다. 예수 그리스도를 따르는 종교에서 영혼이 왜 중요한지는 저도 잘 알고 있습니다. 그러나 우리 인간은 너무나 쉽게 상태나 현상에 불과한 것을 실체로 창조해내곤 합니다. 우리는 샤를롯테를 향한 사랑이 베르테르를 어떻게 만들었는지를 압니다. 사랑 때문에 그는 수많은 밤을 지새웠고, 편지를 썼으며, 눈물을 흘렸고 결국 죽음에 이르렀습니다. 그러나 그 누구도 베르테르를 그렇게 만들었던 사랑을 하나의 실체로 보지는 않을 겁니다. 사랑이라는 실체가 베르테르로 하여금 이러저러한 행동을 하도록 조종한 것처럼 생각하지 않는다는 것이지요. 사랑이란 결국 어떤 물질적인 과정이 동반되는 정신적인 상태들의 연속입니다. 하지만 사랑을 실체화하지 않는다고 해서, 우리가 사랑에 빠지며 이별의 고통을 겪는다는 체험이 부정되는 것은 아닙니다. 사랑을 실체화하지 않고도 사랑에 대해 말할 수 있습니다. 마찬가지로 영혼을 실체화하지 않고도 영적인 상태나 영적인 능력에 대해 말할 수 있습니다. 게다가 영혼이란 실체를 가정하지 않으면, 저나 왓슨 같은 사람들의 고민도 사라지게 될 것이지요."

왓슨은 홈즈의 비유에 감탄하는 듯한 표정이었지만, 해밀턴 목사는 그건 아니라는 듯 넥타이를 다시 고쳐 매며 나지막한 목소리로 말했다.

"홈즈 씨, 누군가가 영혼을 실체화한 것은 아닙니다. 영혼이 실제로 존재하기 때문에 실체라는 개념을 사용하는 것일 뿐입니다. 솔직히 저는 당신을 만족시킬 만한 답을 드리지 못할 것 같습니다. 어차피 영혼이 존재한다는 과학적 증거는 없으니까요. 이 이상은 당신에게 말씀드리기가 힘들 것 같습니다. 다음번에는 마음속 깊은 곳에 숨겨둔 얘기를 더 나눌 수 있었으면 좋겠습니다. 자신의 노력으로 뛰어넘을 수 없는 어떤 처지에 놓여 있을 때 인간은 종종 마법처럼 전혀 다른 시각을 갖게 되기 때문입니다. 당신에게도 그 다른 시간이 열리기를 기도하겠습니다."

해밀턴 목사는 홈즈와 왓슨에게 정중히 작별 인사를 하고 나서 길을 나섰다. 왓슨은 극구 방 문 앞까지 인사를 나온 홈즈를 부축해서 다시 침대에 앉게 했다. 홈즈는 다리에 통증을 느끼는지 다소 찡그린 얼굴로 침대에 누우며, "휴우…위험한 고비를 넘겼군"이라고 중얼거렸다. 왓슨은 홈즈의 중얼거림을 제대로 듣지 못한 채 홈즈에게 다시 묻기 시작했다.

"친구, 정말 궁금해서 묻는 것인데…만일 영혼이란 개념을 사용하지 않는다면, 해밀턴 목사는 부활에 대해 어떤 설명을 할 수 있단 말인가?"

"이 얘기를 끝으로 내가 달콤한 휴식을 취할 수 있도록 허락해주게나. 새로운 입자 물리학이 신기한 일들의 보증수표가 되기를 원치 않지만, 이렇게 생각해 볼 수 있을 것 같네. 입자 물리학에 따르면, 인간 역시 물리적인 입자로 구성이 되어 있지. 탁자를 이루는 입자나 우리를 이루는 입자의 종류는 모두 같고. 그런데 우리는 입자에게서 양자 중첩superpostion*이라는 괴이한 성질을 관찰할 수 있네. 한 입자는 동시에 한 군데 이상에서 존재하지만, 관찰자가 관찰하는 순간 어느 한 위치에서만 관찰된다고 하더군. 만일 그렇다면, 죽음 이후에 인간의 몸을 구성하는 입자들은 어떤 의도에 입각하여 동시에 다른 장소에 존재하는 것이 가능할 걸세. 그렇다면 영혼이 먼저 빠져 나가고 그 이후 어느 시점에 다시 육체를 얻어 부활하는 복잡한 과정은 불필요하게 될 걸세. 물론 이 모든 건 가설에 불과하다네, 친구. 나는 신의 존재와는 무관하게 영혼의 존재는 도저히 믿기 힘드네. 자네에게 강요하고 싶은 생각은 없지만. 그리고…더 중요한 점은 해밀턴 목사의 진짜 관심이 뭔지 아직 잘 모르겠다는 점이라네."

홈즈는 피곤하다는 듯 침대에 누워 길게 호흡을 내쉬었다. 어느덧 길거리도 많이 조용해졌다. 창 틈 사이로 시원한 바람이 들어왔다.

"그런데 홈즈. 인간이란 도대체 무엇인가? 우리는 도대체 어떤 존재인가? 자네라면 새로운 답을 들려줄 것 같아서."

왓슨이 자리에서 일어나며 그렇게 말하자 홈즈는 귀찮다는 듯 대꾸했다.

"자네의 연구 모임에서 인간의 본질을 어떻게 생각하는지에 대해

---

* 하나의 입자가 측정하기 전까지 여러 상태로 존재함을 의미.

먼저 알려주게나. 여러 가지 추측 중에서 가장 확실한 것을 추려내야 하니까 말이야. 수수께끼의 열쇠를 찾는 일이 맨땅에서 시작될 리가 있겠나."

왓슨은 미소를 지으며 방을 나왔다. 그는 부상으로 지친 홈즈에게 달콤한 휴식이 필요하다는 사실을 잘 알고 있었다. 홈즈는 목발을 짚고 창가에 서서 커튼 틈으로 거리를 내다보았다. 해밀턴 목사는 벌써 사라지고 없었다, 홈즈의 얼굴에 유난히 짙은 어두움이 드리워졌다.

영혼에 대한 한여름밤의 대화는 정말로 흥미로웠다. 합리적 정신을 포기하지 않으려는 홈즈와, 홈즈를 향한 애틋한 마음을 품고 찾아온 해밀턴 목사, 그리고 과학과 믿음 사이에서 갈팡질팡하는 나. 이렇게 세 남자는 서로에 대한 애정과 존경심을 잃지 않은 채, 영혼에 대해 토론했다.

영혼의 실재를 회의적으로 보는 홈즈의 생각은 처음에는 낯설었다. 나는 과학적인 사실 관계에 주목했지만, 홈즈는 거기서 한 걸음 더 나아갔다. 홈즈는 경험적으로 참과 거짓을 확인해볼 수 없는 형이상학적 사고에 점점 더 숙련되는 듯했다. 뇌의 특정 부위에 손상을 입으면 어떤 능력이 훼손되는지에 대한 문제는 경험과학적인 문제이며, 경험적으로 참과 거짓을 확인해볼 수 있다. 그러나 만일 영혼이 있다면 어떤 문제가 발생하는지에 대한 문제는 경험과학적으로 탐구해볼 수 있는 주제가 아니었다. 방법은 믿음의 대상으로 간주하거나 형이상학적인 탐구를 통해서 그 정체를 밝혀보거나 두 가지뿐이다.

홈즈는 보란 듯이 후자의 방법을 취했다. 홈즈의 입장은 간단한데, 공간을 점유하지 않는, 즉 물리적인 세계에 속하지 않는 것으로 여겨지는 영혼이 신체나 외부 세계에 어떻게 인과적 힘을 행사할 수 있는지에 대해 만족스런 답을 내리기가 불가능하다는 것이다. 나는 이 문제를 "인과적 상호작용의 문제"causal interaction problem라고 부르고자 한다.

홈즈는 한 가지 결과의 원인을 찾기 위해서는 공간이 전제되어야 한다고 말했다. 영혼은 공간을 점유하지 않기 때문에, 어떤 결과의 원인으로서 짝짓기를 시도할 수 없다. 나는 이 문제를 "짝지음 문제"pairing problem라고 부르고자 한다.

또한 홈즈는 인간 고유의 정신적 능력이 있다고 해서, 그런 능력을 가능케 해주는 영혼이라는 실체를 반드시 가정해야 할 필요는 없다고 말했다. 그것은 마치 우리를 흥분케 하고, 꿈꾸게 하며, 때로는 고통스럽게 만드는 사랑의 체험을, 사랑이라는 실체를 상정하지 않고도 설명할 수 있는 것과 같다. 비유적으로 사랑이 나를 힘들게 한다고 말할 수 있지만, 실제로 존재하는 것은 사랑이라는 실체가 아니라 시시각각 생겨나고 사라지는 감정들뿐이다.

스윈번 경은 최근에 자신이 이원론적 인간론을 지지한다고 공개 선언했다. 인간은 영혼과 육체의 결합체로 보는 입장을 적극적으로 지지하겠다는 것이다. 그렇다면 홈즈는 일원론적인 인간론을 지지한다고 할 수도 있겠지만, 정작 그는 단 한 번도 어떤 인간론을 지지하는지 명확하게 말한 적이 없다. 스윈번 경은 인과적 상호작용의 문제와 짝지음의 문제를 어떻게 생각할까? 나는 이 문제를 상의할 수 있는 동료 과학자 몇 사람을 찾았다. 만일 내가 주축이 되어 스윈번경의 이원론적 인간론을 공격한다면, 보수파로서의 내 정체성에 타격을 받을 수밖에 없다.

세상이 빠른 속도로 변하고 있다. 많은 연구자들이 이원론적 인간론에 등을 돌리고 있다. 신경계에 대한 지식은 우리의 정신적 능력이 두뇌의 작동에 의존한다는 사실을 이미 부정하기 힘들도록 만들어버렸기 때문이다. 영혼 개념을 포기한다면, 결국 대안이 필요한 시점이다. 몇몇 급진파들이 조심스레 목소리를 높이고 있듯이, 인간은 물질 덩어리에 불과하다는 견해가 대안이 될 수 있을지도 회의적이기 때문이다. 이원론적 인간론과 극단적인 물질주의적 인간론 사이에서 제3의 대안이 필요하다.

어쩌면 이전보다 더 튼튼해진 두 다리로 기암절벽에서 다이빙을 즐기고 있을 한 남자에게 자연은 자신의 신비를 좀 더 엿보게 해줄지도 모른다.

우리의 정신이 아무런 힘을 행사하지 못한다면?

물을 마시려고 물을 따르는 행위는 목마름이라는 마음의 상태,

물을 마시고 싶다는 욕구,

물을 마시면 갈증이 해소될 것이란 믿음 때문이다.

그러나 이런 마음의 상태, 욕구, 믿음 등은 눈에 보이지 않는다.

눈에 보이는 것이라곤 신경 화학적 상태뿐이다.

만일 이 정신의 상태들이 신경 화학적 상태와 동일하다면,

결국 물리 화학적 현상만 존재하는 것이 아닐까?

만일 그렇다면, 정신은 사물의 그림자와 같이

아무런 힘도 행사하지 못하는 꼭두각시에 불과한 것이 아닐까?

홈즈와 왓슨은 정신의 힘이라는 미스터리한 존재를 추적한다.

4장

홈즈, 정신의
인과력을 탐구하다

삶이나 이성의 가치를 믿는다면 황무지를 멀리하라.

-『배스커빌 가의 개』 중에서

다시 황무지에서

눈발이 날리는 황무지를 한 남자가 걷고 있다. 바위 위에 올라서자 불굴의 정신이 느껴지는 한 남자가 옆모습을 드러냈다. 이제는 전설이 된 탐정, 홈즈였다.

그는 모자를 벗어 눈을 떨어내고는 다시 깊이 눌러썼다. 눈앞에 펼쳐진 황무지에는 몇 천 년의 이야기를 간직하고 있을 법한 늪지들과 바위들 그리고 바람만 있을 뿐이었다. 잭 스태플턴이 살던 집은 폐허가 되었다. 홈즈가 잠복하곤 했던 선사시대의 주거지 안에는 촛농이 떨어진 흔적과 버려진 옷가지 등이 있었다. 그 사건 이후 많은 홈즈의 추종자들이 이곳을 찾아와 며칠씩 머무르곤 했다.

오래전 이곳은 지옥의 개가 돌아다닌다는 전설을 사실로 믿을 만한 살인 사건이 발생했다. 홈즈는 만일 초자연적인 요소가 조금이라도 개입된 사건일 경우 사건을 깨끗이 단념하리라는 신념으로 사건을 맡았다. 그러나 그런 일은 벌어지지 않았다.

홈즈는 배스커빌 가의 사건으로부터 커다란 교훈을 얻었다. 다름아닌 모든 사건은 물리적 원인에 의해 발생하는 물리적 사건이라는 교훈 말이다.

눈앞에 펼쳐진 황무지가 아무리 을씨년스럽게 보일지라도 그것은 물리적 인과 작용에 의해 생겨난 자연의 결과물일 뿐이다. 늘 인간의 욕망이나 무지가 어떤 신비적인 요소를 자연 속에 끼워넣었다.

하지만 객관적인 시각으로 자연을 바라보면, 늘 질서와 법칙이 발견된다.

'만일 모든 사건이 물리적 사건이라면?…'

홈즈는 뺨으로 차가운 바람을 느끼면서 생각했다. 이제 홈즈는 철학자로서 황무지를 내다보고 있었다. 초자연적이고 신비적인 존재 및 힘과의 싸움은 여전히 계속되고 있었다.

'자연에 신비가 설 자리가 과연 남아 있을까?…'

홈즈는 곧 런던으로 돌아가려 한다. 스윈번 경이 홈즈에게 도움을 요청했기 때문이었다.

스윈번 경은 자신의 이원론을 지지하는 보수파 학자들과 함께 "영혼과 정신적 인과 그리고 자유의지"라는 이름의 대규모 학술회를 개최하려는 계획을 세웠다. 그러나 이 학술회는 보수파 지지자들이 어떤 문제 때문에 골머리를 앓고 있어 계속 지연되고 있었다. 그 문제는 "마음은 어떻게 신체에 인과적 힘을 행사하는가?"였다. 결국 스윈번 경은 왓슨의 조언을 받아들여 홈즈를 런던으로 불러 따로 만나기로 결심했다. 이로써 보수파의 수장인 스윈번 경은 모든 것을 비밀에 부친다는 조건으로 마침내 소문만 무성했던 홈즈를 만날 수 있게 되었다.

"어떻게든 우리는 영혼이 존재하며 영혼이 신체에 인과적 영향을 행사한다는 것을 설명하는 데 총력을 기울여야 합니다. 영혼의 존재와 정신의 인과력에 대한 회의주의가 승리한다면, 교육과 법은 의미를 잃게 되며, 결국 이 사회에는 대혼란이 초래될 것이기 때문입니다. 그것은 우리 문명의 종말을 의미합니다!"*

스윈번 경은 흥분해서 보수파 지지자들에게 이렇게 강조하곤 했다. 물론 보수파의 지지자들은 스윈번 경의 생각에 동의한다. 다만 영혼과 정신의 인과력에 대한 회의주의에 맞서 어떻게 보수파를 옹호할 수 있느냐가 관건이었다.

'황무지에 새로운 배스커빌 가의 개가 배회하고 있구나…정신의 인과력이라는 미스터리한 짐승이….'

홈즈는 외투의 깃을 다시 여몄다. 사건이 있는 곳에 홈즈도 있을 것이다. 그의 심장이 뜨거운 피를 뿜어내는 한….

미스터리한 짐승

스윈번 경은 왓슨과 함께 홈즈를 맞이하러 런던 역에 나왔다. 런던 역에서 만난 세 남자는 스윈번 경의 저택으로 향했다. 스윈번 경은 일찌감치 의사로서의 재능을 발휘했고, 뛰어난 외과 의사라는 명성을 얻

---

* 우리 지구의 철학자인 페레붐(D. Pereboom)이나 혼더리치(T. Honderich) 등은 결정론이 옳을 경우 우리 사회에 큰 혼란이 오기보다 오히려 우리의 삶이 더 나아질 거라는 낙관론을 편다. 이들은 개인적인 능력, 성향, 기질 등은 우리의 의지에 의해 창조된 것이 아니라 여러 가지 요인들에 의해 결정된 것이므로, 헛된 꿈을 꾸기보다 자신에게 주어진 이런 특징들을 있는 그대로 받아들이면 삶이 더 편안해진다고 주장한다.

었다. 그러나 그는 점점 외과 수술보다는 인간의 신경계에 대한 연구에 관심을 가지기 시작했다. 그는 서른네 살에 홀로 헬골란트라는 섬에서 산책을 하던 중 신비로운 빛에 둘러싸이는 신비체험을 하게 되었다. 그 사건 때문에 고집 세고 일밖에 모르던 지적인 젊은 남자는 몇 년에 걸쳐 새로운 사람으로 변화되었다. 그는 독실한 신앙인이 되었고 자선 활동도 게을리하지 않았다. 그리고 인간의 정신을 물질적 토대로 환원시켜 설명하려는 급진적인 젊은 학자들에 맞서, 정신의 영역과 그것의 인과력, 그리고 자유의지의 실재성을 옹호하는 보수파의 수장으로 활동하게 되었다.

그의 저택 응접실은 창문과 출입문이 있는 곳을 제외하고는 온통 거울로 장식되어 있었다. 스윈번 경이 "거울의 방"이라고 부르는 화려한 방은 보통은 스윈번 경이 사색에 잠기거나 글을 쓰는 장소였다. 홈즈는 눈이 조금 부셨지만 이내 적응이 되었다. 거울 한 귀퉁이에 "γνῶθι σεαυτόν"(그노티 세아우톤)이라고 쓰인 글귀가 홈즈의 눈에 들어왔다. 홈즈는 금세 그것이 "너 자신을 알라"라는 고대의 격언이라는 사실을 알아차렸다.

테이블 위에는 와인, 치즈, 과일, 쿠키가 놓여 있었다. 스윈번 경과 왓슨은 홈즈와 마주 보고 앉았다.

이미 모든 상황을 다 알고 있었기 때문에 스윈번 경은 곧장 본론으로 들어가고자 먼저 말을 꺼냈다.

"홈즈 씨, 당신은 저희의 고충을 잘 알고 계시리라 생각됩니다.

저는 정신의 인과력을 부정하는 급진파의 젊은 학자들이 도무지 이해되지 않습니다. 만일 나의 원함이 인과적으로 알고자 하는 노력을 낳지 못한다면, 나의 의지가 인과적으로 선하게 살려는 노력을 낳지 못한다면, 나의 믿음이 인과적으로 어려움에 처한 사람을 돕도록 만들지 못한다면, 또한 이 모든 것들이 가능하지 않다는 게 옳다면, 우리가 속한 사회는 종말을 맞이하게 될 것입니다."*

* 포더(J. Podor)는 자신의 논문 "Making Mind Matter More"(1990)에서 다음과 같이 말한다. "만일 팔을 뻗으려는 나의 욕구가 내가 팔을 뻗는 데에 아무런 책임이 없다는 게 사실이라면, 내가 느끼는 가려움이 나의 긁는 행위에 아무런 책임이

"저도 동의합니다. 문제는 그 정신적인 인과의 힘이 도대체 무엇인가라는 것이겠지요."

"네, 맞습니다. 정신의 인과력이 존재한다면, 그 정체가 도대체 무엇인지 알고 싶습니다. 준비한 다과를 드시면서 편하게 대화를 나눠보면 좋겠습니다. 저녁 식사도 준비해놓겠습니다."

세 남자는 와인과 치즈를 음미하며 잠시 침묵의 시간을 보냈다. 서로의 뒷모습이 거울에 비치었다. 거울로 둘러싸인 방이어서 그런지 샹들리에의 불빛이 더욱 환하게 느껴졌다. 벽난로에서도 주황색 불빛이 은은하게 새어 나왔다. 덕분에 방 안은 기분 좋게 따사로웠다.

"제가 할 수 있는 일이 있다면, 정신의 인과력을 부정하는 급진파 지지자들로부터 나올 수 있는 반론들을 예상해보는 일이라고 생각합니다."

"좋습니다, 홈즈 씨. 충분히 도움이 될 만한 작업이라고 생각합니다."

백발의 스윈번 경은 근엄하면서도 차분한 사람이었다. 그는 자신의 가문에 흐르는 특유의 학자 정신이 온몸에 배어 있었다.

"아마 왓슨 씨는 기억하고 있을 겁니다. 4월의 어느 이른 아침,

없다는 게 사실이라면, 내가 믿는 바가 내가 말한 것에 아무런 책임이 없다는 게 사실이라면…그 중 아무것도 사실이 아니라면, 내가 믿는 모든 것은 거짓이며, 이는 세상의 종말일 것이다."

겁에 잔뜩 질린 의뢰인이 저를 찾아왔지요. 하도 심하게 떨고 있길래 제가 그 이유를 물었더니, '제가 떨고 있는 이유는 추워서가 아닙니다. 무섭기 때문이에요. 공포 때문이에요.'*라고 말하더군요. 저는 그 말을 듣고 가녀린 의뢰인에게 측은함을 느꼈습니다."

그렇게 말하고는 홈즈가 자리에서 벌떡 일어나더니 미리 준비해 온 필기도구를 꺼냈다. 그리고는 깁슨 경과 왓슨이 잘 볼 수 있도록 거울에 다음과 같이 썼다.

공포 ⟶ 떨림

"이 저택의 응접실이 거울의 방이라는 별명이 붙을 만큼 아름다운 거울로 둘러싸여 있다는 사실을 이미 알고 있었습니다. 아마 손수건으로도 잘 지워질 것입니다."

왓슨은 조금 놀랐지만, 스윈번 경은 미소를 지으며 기꺼이 허락한다는 제스처를 취했다.

"누구나 제 의뢰인이 느끼는 '떨림'은 '공포를 가짐'에 의한 것이라고 생각할 것입니다. 즉 '공포를 가짐'이 '떨림'을 초래했다고 말이지요. 혹은 '공포는 떨림의 원인이다'라고 말할 수도 있겠구요. 그런데 공포는 우선 어떤 정신적인 상태로 간주됩니다. 반면 떨림은 어

* 이 의뢰인은 『얼룩 띠의 비밀』에 등장하는 의뢰인 헬렌 스토너 양이다.

떤 신체적인 현상이지요. 따라서 이 경우 떨림이라는 '신체적 현상의 원인'은 공포라는 '정신적인 상태'라고 말할 수 있을 것입니다."

"그렇지요 홈즈 씨. 경험이 있는 사람이라면 그 공포를 잘 알 것입니다. 저 역시 한때 군의관으로 참전한 적이 있어 공포를 잘 압니다. 영혼 저 깊숙한 곳에서 무시무시한 공포를 경험해본 사람이라면, 공포가 사지를 떨게 만들고도 남는 힘을 발휘한다는 걸 알게 되지요." 스윈번 경이 다소 흥분한 목소리로 말했다.

"그런데 문제는 여기서부터입니다. 신경과학은 우리에게, 특정한 정신 상태는 특정한 신경 상태에 기반을 두어야만 존재할 수 있음을 보여주고 있습니다. 즉 특정한 신경 상태가 없다면 특정한 정신 상태도 존재할 수 없다는 것이지요. 그렇다면 제 의뢰인이 공포를 느낄 수 있는 이유도 특정한 신경 상태가 먼저 존재하기 때문이겠지요."

홈즈는 거울에 재빨리 이렇게 쓰고는 말을 이어갔다.

"두 분 모두 뭔가 이상한 점을 발견하지 못했습니까? 공포가 NS에 의해 발생한 것이라면, 떨림은 공포라는 정신 상태에 의해 발생한 것일까요? 아니면, 떨림을 발생시킨 신경 상태인 NS*에 의해 발생한 것일까요?"

왓슨과 스윈번 경은 한동안 말을 하지 못한 채 거울에 그려진 도식만을 응시했다.

"둘 모두에 의한 것이 아니겠는가?" 왓슨이 먼저 대답했다. 스윈번 경은 뭔가 못마땅하다는 듯한 표정이었다. 홈즈는 거울에 재빨리 또 다른 도식을 그렸다.

"왓슨의 말대로라면, 이런 도식이 성립된다는 말이군. 그런데 공포가 NS에 의해 물리적으로 실현된다면, 어떻게 공포라는 마음의 상태가 독자적인 물리적 힘을 가질 수 있겠는가?"

진지한 표정의 스윈번 경이 신중하게 말을 꺼냈다.

"홈즈 씨, 저도 왓슨 씨의 말이 그럴듯하다고 생각합니다. 이런 상황을 가정해봅시다. 어떤 남자 A가 개인적인 원한을 가진 남자 C의 집 유리창에 돌멩이를 던집니다. 우연하게도 그와 동시에, C에게 원한을 가진 또 다른 남자 B가 다른 곳에서 C의 집 유리창에 돌멩이를 던집니다. C의 집 유리창은 산산조각이 나고 맙니다. 이 경우 C의 집 유리창을 박살낸 원인은 둘이 아닐까요? 즉 'A의 돌 던짐'과 'B의 돌 던짐', 이렇게 두 가지 원인이요."

홈즈는 마치 그런 식의 답변을 미리 예상했다는 듯 바로 말을 이어갔다.

"스윈번 경이 든 예와 처음의 예는 조금 다른 점이 있습니다. 스윈번 경이 든 예를 먼저 살펴보지요. A의 '돌 던짐'이 없었더라도 유리창은 산산조각 났을 것입니다. 왜냐하면 B의 '돌 던짐'이 있었기 때문이지요. 마찬가지로 B의 '돌 던짐'이 없었다고 해도 동일한 논리가 성립합니다. 즉 이 경우 A와 B는 각각 독립적인 원인인 셈이지요. 하나가 없어도 다른 하나만 있으면 같은 결과가 일어나게 됩니다. 그러나 처음의 예는 조금 다릅니다. 신경 상태인 'NS'와 정신 상태인 '공포'는 독립적인 원인이 될 수 없을 것 같습니다. 왜냐하면 정신 상태인 '공포'는 'NS'가 없이는 존재할 수 없기 때문입니다. 만일 '공포'가 'NS'에 존재론적으로 의존적이라면, NS → NS*만 있어도 떨림은 초래될 수 있을 것입니다."

"정신적 상태가 독립적인 원인이 될 수 없다는 말입니까?"

스윈번 경이 걱정스런 표정으로 홈즈에게 물었다.

"적어도 이 도식으로만 놓고 보자면 그렇습니다. 즉 제 의뢰인의 떨림을 초래한 원인은 NS*인 것처럼 보인다는 것입니다. NS*는 떨림을 일으키기에 충분한 원인*이며, 만일 이게 맞다면, '공포'라는 정신

---

* 우리 지구의 어떤 철학자들은 "충분한 원인"(sufficient cause)을 "진정한 원인", "완

적 상태는 떨림을 초래하게 된 인과적 과정에서 제외될 것입니다."

"그와 비슷한 예가 자연 내에 또 있겠는가, 홈즈?"

왓슨의 물음에 홈즈는 잠시 생각에 잠긴 듯하더니 곧 의견을 냈다.

"전적으로 같은 사례일는지 모르겠지만 한번 얘기해보겠네. C에게 원한을 품은 A가 주술사 S를 찾아간다고 생각해보게나. A는 S에게 거액의 의뢰비를 주면서, 만일 C를 주술의 힘으로 죽여준다면 사례비를 더 주겠다는 제안을 하지. S는 이틀 뒤에 C가 반드시 죽을 것이라고 말하여 A를 돌려보낸다네. 그런데 이틀 후 길을 가던 C의 머리 위로 누군가가 3층 창틀에 내어놓은 화분이 떨어져 즉사하고 말지. C의 죽음을 초래한 원인은 무엇이겠는가? S의 주술일까? 화분이 떨어져서일까? 아니면 둘 다일까? 내가 보기엔, 화분의 떨어짐만으로도 C의 죽음을 초래한 충분한 원인이 될 수 있다고 생각하네."

"주술사 S의 주술은 물리적 사건의 원인에서 제외된다는 것인가?"

"그렇다네, 왓슨. 화분의 떨어짐만으로도 C의 죽음이 물리적으로 일어날 충분한 원인이 되기 때문일세."

전한 원인"으로 부르기도 한다. 즉 지구의 어떤 철학자들은 "어떤 원인이 떨림이 물리적으로 실현되기 위한 충분한 조건을 충족했다면 그 원인이 물리적인 세계에서 떨림이 물리적으로 실현되게 하는 데 완전한 원인 혹은 진정한 원인이 된다"라고 생각한다.

"정신적 상태가 원인이 될 수 있는 길은 도무지 없다는 말입니까?" 스윈번 경의 목소리에서 미묘한 떨림이 느껴졌다.

"정신적 상태가 원인이 될 수 있는 가장 확실한 길은 특정한 유형의 정신 상태가 특정한 유형의 신경 상태와 동일하다는 견해가 옳을 경우입니다. 즉 이런 도식이 성립하지요."

$$NS=공포 \longrightarrow NS^*=떨림$$

"물론 스윈번 경께서는 이런 강한 물리주의적 입장에 동의하지는 않으실 테지만 말이죠."

"만일 상대가 그런 주장을 한다면, 어떻게 반론을 해야 할지 난감하군요." 왓슨이 다소 초조한 듯 콧수염을 만지작거리며 말했다. 스윈번 경도 한 손으로 턱을 감싼 채 묘안을 생각해내려 전전긍긍했다. 홈즈는 더 기다릴 수 없다는 듯 거울에 뭔가를 쓰기 시작했다.

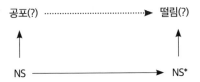

"제가 보기에 문제는 여기에 있습니다. 정신적 상태인 '공포'를 떨림을 일으킨 원인에서 제외한다면, 즉 NS^*가 떨림의 원인이라면,

정신적 상태인 '공포'를 존재하는 것으로 봐야 할까요? 아니면 존재하지 않는 것으로 봐야 할까요? 만일 존재하는 것으로 본다면, 정신적 상태는 신체에 어떤 인과적 힘도 발휘하지 못하는 그림자와 같은 존재로 전락하게 될 것입니다. 만일 존재하지 않는 것으로 본다면, 정신적 상태는 자연에 진정으로 존재하는 것들의 목록에서 제외될 것입니다. 그리고 그 자리는 신경 상태와 같은 물리적 상태들이 차지하게 될 것입니다."

"스윈번 경께서는 정신적 상태는 인식론적으로나 존재론적으로 물리적 상태로 환원되지 않는다는 속성 이원론을 지지하고 계시지요. 만일 홈즈의 분석이 옳다면, 스윈번 경께서 붙잡고 있는 정신적 상태란 결국 인과적으로 아무런 힘을 발휘하지 못하는 그림자들의 무더기에 불과하다는 말이 되겠군요."*

스윈번 경은 참담하다는 표정으로 와인잔 안에 담긴 붉은 와인을 쳐다보았다. 그는 '이 와인의 붉은색이 매혹적이라는 느낌이 와인 잔을 입에 가져가도록 만드는 원인이 될 수 없단 말인가?'라는 말을 혼자서 몇 번이고 되뇌었다.

"스윈번 경, 아직 낙담하시기에 이릅니다. 이런 결론은 그것을 지지하는 쪽에도 문제를 일으킬 수 있습니다. 만일 그들의 결론처럼

* 우리 지구의 철학자들은 마음은 두뇌 활동의 산물이므로 마음은 두뇌를 포함한 물리적 세계에 그 어떤 인과적 영향력도 행사하지 못한다는 입장을 부수현상론 (ephiphenomenalism)이라고 부른다.

정신적 상태는 그림자와 같이 존재하거나 아니면 실제로 존재하지 않고 오직 신경 상태나 과정만 존재한다면, 그들의 사고과정 역시 물리적인 과정에 지나지 않는다는 결론이 나옵니다. 판단의 주체 없이 단지 물리적 과정만 존재하는 것이라면, 그들의 논증 역시 물리적인 사건에 지나지 않는다는 것이지요. 비가 오거나 번개가 치는 물리적 사건에 대해 진리의 판별을 기대할 수는 없겠지요. 물론 그들은 과학이 발전하면 논증 과정의 전 과정도 신경생리학적 과정이라는 점을 증명할 수 있다고 주장하고 싶을 것입니다."

그때 웨이터들이 음식을 내오기 시작했다. 갓 구운 빵 냄새가 세 남자의 후각을 자극해왔다.

"감사합니다, 홈즈 씨. 문제를 더 명확하게 파악하는 데 도움이 되었습니다. 저는 이렇게 결론을 내렸습니다. 정신의 인과력에 대한 문제와 관련해서 저는 결국 정신적 상태의 실재성을 옹호하는 동시에 정신적 상태의 인과성도 옹호해야만 한다고 생각합니다. 즉 전자는 옹호하면서도 후자를 부정하거나, 전자와 후자를 모두 부정해서는 안 된다는 것입니다."

"정확히 이해하셨습니다. 정신적 상태의 인과력을 어떻게 설명할 수 있느냐가 스윈번 경에게는 관건이 될 것입니다."

왓슨은 홈즈에게 윙크를 했다. 홈즈의 반짝이는 아이디어와 날카로운 분석력은 왓슨을 다시 한번 흥분케 만들었다. 왓슨은 와인 잔을 흔들며 향을 깊이 음미했다.

"그런데 이렇게 멋진 거울의 방에 설마 홈즈와 제가 초대 받은 첫 손님은 아니겠지요?" 왓슨이 와인을 음미하며 스윈번 경에게 물었다.

"이 방은 주로 저 혼자만을 위한 방입니다. 단 한 사람만 예외적으로 이 방에 찾아오곤 했지요. 바로 비트겐슈타인 씨입니다."

"아, 그 독일계 억만장자 말인가요? 성격이 고약한…아이고 죄송합니다." 왓슨은 그만 말실수를 했다는 생각에 난처한 표정으로 홈즈를 힐끔 쳐다보았다. 그러나 스윈번 경은 아버지 같은 인자한 목소리로 말했다.

"맞습니다. 성격이 좀 괴팍하긴 하지요. 하지만 아주 순수한 사람입니다. 그래서 저는 겨울마다 불쑥 찾아오는 그를 싫어하지 않는 것이고요. 물론 그가 영혼을 믿는 저를 쉬지 않고 괴롭힐 때면 어디론가 숨고 싶다는 생각이 들기도 합니다. 그러나 거울에 비친 제 모습을 마주하는 순간 '무지를 두려워하지 말자'라는 내면의 목소리를 듣게 된답니다. 그래서일까요? 겨울이 되면 저 멀리서 하얀 눈길을 따라 갈색 말을 타고 달려오는 비트겐슈타인 씨를 기다립니다… 자, 우리 함께 맛있게 저녁을 드십시다."

푸짐하게 차려진 음식을 먹으면서 세 남자는 더는 형이상학에 대해 논의하지 않았다. 사다리를 밟고 올라가 형이상학적 문제를 논의했으니, 이제는 거기서 다시 내려와 감각적 쾌감을 향유해야 할 시간이 왔다. 노릇노릇하게 잘 구워진 멧돼지 구이, 랍스터의 통통한 살, 열대 과일과 향긋한 와인을….

왓슨의 네 번째 보고서

홈즈의 예상은 적중했다. 세 남자가 스윈번 경의 저택에서 만난 지 얼마 되지 않았을 때, 킴Kim이라고 불리는 젊은 철학자가 스윈번 경에게 편지를 보내 온 것이다. 그에 대해 알려진 바는 거의 없다. 〈인간연구〉에 새로 들어온 지 얼마 안 되었기도 하고, 아시아에서 왔기에 언어가 서툴러서 그런지 아직 다른 연구자들과의 교류가 거의 없기 때문이다.

킴은 편지에서 이른바 배제 원리exclusion principle라는 자신의 견해를 소개했는데, 그 내용은 홈즈가 예견한 내용과 거의 흡사했다. 그래서 나는 처음에 홈즈가 킴이라는 청년 행세를 하는 것이 아닌가 의심까지 했었다. 그러나 며칠 전 킴이 정식으로 학회에서 자기소개를 하면서 나의 의심은 해소되었다. 킴의 배제 원리는 다음과 같이 요약될 수 있다.

배제 원리: 어떤 사건도 진정한 의미에서의 인과적 과잉결정의 경우가 아닌 한, 그것은 주어진 시점에서 충분 원인을 하나보다 많이 가질 수 없다.

스윈번 경이 들었던 예를 다시 적는다.

어떤 남자 A가 개인적인 원한을 가진 남자 C의 집 유리창에 돌멩이를 던진다. 우연하게도 그와 동시에, C에게 원한을 가진 또 다른 남자 B가 다른 곳에서 C의 집 유리창에 돌멩이를 던진다. C의 집 유리창은 산산조각이 나고 만다. 이 경우 C의 집 유리창을 박살나게 만든 원인은 두 가지이지 않을까? 즉 A의 돌 던짐과 B의 돌 던짐.

이 경우 두 사람의 돌 던짐은 독립적인 원인이다. 왜냐하면 한 사람이 돌을 던지지 않았더라도 다른 한 사람이 던진 돌에 의해 유리창은 깨어졌을 것이기 때문이다. A의 돌 던짐은 B의 돌 던짐에 존재론적으로 의존적이지 않고, 그 반대의 경우도 마찬가지다. 킴은 이런 경우 인과적으로 과잉되었다고 표현했다. 즉 어떤 물리적 결과의 원인이 하나 이상인 경우이다.

그러나 정신적 상태가 또 다른 정신적 상태나 신체적 상태의 원인이 되는 경우는 다르다. 왜냐하면 정신적 상태는 신경 상태에 의존적이기 때문이다. 킴은 수반supervenience이라는 개념을 도입하여 이를 설명하고 있다.

정신적 상태인 공포를 가짐은 신경 상태 NS에 수반한다.

이 말은 신경 상태의 변화 없이는 정신적 상태의 변화가 있을 수 없다는 말이다.* 그러나 그 역은 성립하지 않는다. 만일 공포가 NS에 의존적이라면, 떨림이라는 신체적 상태를 일으킨 원인은 NS*다. 공포는 떨림을 일으킨 원인에서 제외된다.

킴은 정신적 상태가 존재한다는 것을 부정하지는 않았다. 다만 그것이 신경 상태가 수반될 때만 존재한다고 주장했다. 스윈번 경은 킴에게 보낸 답장에서 정신적 상태에 대한 그런 식의 인정은 단지 속임수에 불과하다는 비난을 가했다.

스윈번 경과 나를 포함한 보수파 지지자들은 두 차례의 만남을 가졌다. 그 만남에서 스윈번 경은 루이스D. Lewis라는 철학자의 인과 개념 분석을 받아들여 킴의 배제 논변에 대응할 것을 제안했다. 스윈번 경은 홈즈와의 비밀스런 토론을 통해서 정신적 상태가 신경 상태를 일으킨 원인에서 제외되어야 한다는 킴의 생각은 인과 개념에 대한 충분조건 분석에 기반을 두고 있음을 간파했다. 그러나 루이스가 제안한 "반사실 조건문counterfactual conditional 분석"이라는 새로운 형태의 인과 개념을 도입하면, 정신적 상태는 원인으로서의 지위를 획득할 수 있다.** 반사실 조건문 분석은 "a가 발생하지 않았더라면 b가 발생하지 않았을 경우 a가 b의 원인이다"라는 형태를 갖는다. 가

---

* 반 고흐의 그 유명한 해바라기 그림을 생각해보자. 우리가 보는 그림의 형태는 유화물감의 분자배열에 의존적이다. 즉 그림의 형태는 분자배열에 수반한다. 따라서 분자배열이 변하면 그림의 형태는 변하지만, 그 역은 가능하지 않다.

** 인과 개념에 대한 이 두 입장은 철학자 데이비드 흄으로부터 유래한다. 이 두 입장에 대한 더 깊이 있는 설명은 마이클 루의 『형이상학 강의』(아카넷, 2010) 제6장을 참조하기 바란다.

령 "그녀를 만나지 않았더라면, 나는 불행했을 것이다"라는 이 반사실 조건문은 결국 내가 행복한 이유는 그녀를 만났기 때문이라는 점을 말하고 있다. 이 경우 "그녀를 만남"은 "내 행복"의 원인이 된다. 즉 "그녀를 만남"은 내가 행복하는 데 "필요한 원인"이다.

스윈번 경은 어떤 원인이 완전한 원인이기 위해 그것이 충분조건이어야 할 이유는 없다고 생각한다. 어떤 사건 c가 사건 e에 충분하지 않더라도, c가 e에 대해 필요하다면 그것은 왜 e가 발생했는지에 대한 하나의 완전한 인과적 설명을 제공할 수 있다.

반사실 조건문적 인과 개념을 받아들일 경우, 다음과 같은 원인들은 과잉결정을 형성하지 않는다.

a) 그녀가 공포를 느끼지 않았다면, 그녀는 떨지 않았을 것이다.
b) 신경 상태 F가 없었다면, 그녀는 떨지 않았을 것이다.

스윈번 경은 루이스의 견해에 따라, 공포를 느끼는 것이 그녀의 떨림을 초래한 이유에 대한 설명에 필요하다면, 그 자체로 완전한 인과적 설명을 제공해준다고 생각했다. 즉 하나의 사건에 대해 하나 이상의 완전한 인과적 설명이 존재할 수 있다고 보는 것이다.

A. 샤를롯테를 향한 사랑이 이루어졌더라면, 베르테르는 자살하지 않았을 것이다.

B. 베르테르의 신경계에 특정 호르몬이 비정상적으로 분비되지 않았더라면, 베르테르는 자살하지 않았을 것이다.

원인에 대한 킴의 충분조건 분석에 따르면 A는 옳지 않을 것이다. 그러나 반사실 조건문적 인과 분석은 일상의 많은 사건들이 하나 이상의 원인을 허용한다는 점을 보여준다. 따라서 B도 옳을 수 있다.*

물론 보수파의 모든 지지자들이 스윈번 경의 제안에 동의하는 것은 아니다. 몇몇은 스윈번 경이 언어의 사용 맥락을 교묘히 도입해서, 자연에 대한 실재론적인 탐구를 방해한다는 불만을 품고 있기 때문이다. 그러나 현재로서는 킴의 배제 원리에 맞서 정신적 상태의 인과적 힘을 옹호할 만한 더 나은 대안이 없는 것도 사실이다.

---

* "왜 그 자동차 사고가 발생했는가? 그 운전자가 과속하지 않았더라면 자동차 사고가 발생하지 않았을 것이라 하자. 그러면 그 운전자의 과속은 그 사고에 대한 진정한 원인이며 완전한 의미에서의 원인이다. 그 운전자가 과속했더라도 도로가 미끄럽지 않았더라면 그 자동차 사고가 발생하지 않았을 것이라 하자. 그러면 도로의 미끄러움도 그 사고에 대한 진정한 원인이며 완전한 의미에서의 원인이다. 우리는 서로 다른 여러 맥락에서 여러 화용론적 이유로 이 진정한 원인들 중 어떤 원인을 더 중요시할 수는 있지만, 각각의 원인들은 완전한 의미에서 진정한 원인이라고 불리기에 부족함이 없다." 선우환, "배제 논변과 심적 인과"(『김재권과 물리주의』, 김선희, 백도형 외, 아카넷, 2008, 95) 중에서.

해밀턴 목사의 두 번째 편지

친애하는 홈즈 씨에게

홈즈 씨, 우리가 만난 지도 1년이 더 흘렀군요. 하나님을 닮아가는 삶이란 참으로 쉽지 않군요. 부족하고 연약한 저의 모습만 거울에 비춰집니다. 모든 것이 하나님의 은혜이겠지만, 저는 제가 몸담고 있는 공동체에 성도 수가 제법 늘어나서 그나마 기쁨을 느끼고 있습니다.

지난 만남에서 홈즈 씨와 나눴던 대화를 기억합니다. 저는 당신이 뛰어난 형이상학자라는 생각을 했습니다. 그러나 당신을 향한 염려와 연민은 도저히 지울 수가 없습니다. 지름길을 코앞에 두고 돌아갈 필요가 있을까요?

저는 여전히 체험을 통해 제 영혼을 느낍니다. 또한 제 영혼과 만나주시는 하나님의 사랑을 느낍니다. 새벽에 드리는 기도 속에서 그 모든 것은 저에게 실재가 됩니다. 더 이상의 증명도, 증거도, 논증도 필요가 없습니다. 히말라야의 산중에서 전설처럼 전해져 오던 눈표범을 본 사람이 그런 것처럼 말이지요. 그는 증거를 요구하는 사람들에게 말할 것입니다.

"가서 직접 보십시오!"

오늘 새벽, 하나님의 말씀을 묵상하던 중 문득 당신 생각이 났습니다. 늘 당신을 생각하면 마음이 무거웠지만, 이상하게 오늘은 그렇지 않았습니다. 제가 그동안 하나님께 의지하지 않고 저의 지혜에만 의지하려 했음을 알았기 때문입니다.

언젠가 북극을 탐험하고 돌아온 친구를 만난 적이 있습니다. 그는 동상 때문에 오른 다리를 절단해야만 했습니다. 북극점을 찾기 위해 간 기나긴 여행에서 그는 결국 겨우 목숨만 건져 돌아왔습니다. 북극점을 찾아 깃발을 꽂았지만, 그가 깨달은 것은 집으로 돌아와 벽난로 옆에서 사랑하는 아내와 따뜻한 차 한 잔을 나누는 기쁨이 얼마나 큰지에 대한 것이었지요.

홈즈 씨, 저는 당신이 하는 일을 반대하지 않습니다. 다만 혹독한 북극 여행에서 부디 집으로 무사히 돌아오기만을 바랄 뿐입니다. 그 집은 결코 멀리 있지 않습니다. 당신이 무릎 꿇는 그곳이 바로 그 자리입니다. 하나님께 기도드리는 그곳이 당신의 집입니다. 그 집 안에서 당신은 위로와 평안, 그리고 영적인 지식을 공급받게 될 것입니다.

당신이 집에 온다면 다시 연락주세요. 건강과 기쁨이 당신과 함께하기를 기도합니다.

당신의 해밀턴 목사로부터

추신. 저는 지금까지 많은 이들의 얼굴에서 영혼을 보았습니다. 그것은 저를 기쁘게 했습니다.

홈즈가 그 많은 범죄 사건을 해결할 수 있었던 이유 중 하나는
범인의 신원을 파악할 수 있었기 때문이었다.
만일 자기 동일성이 없이 시시각각 변화하는 존재가 있다면,
그 존재에게는 어떤 책임도 물을 수 없을 것이다.
범죄의 책임을 물을 수 있는 이유는
범행을 저지른 사람의 동일성이 확보되기 때문이다.
그러나 누군가가 시간의 흐름 속에서 여전히 동일하다면,
그 기준은 무엇인가? 신체인가? 영혼인가?
기억의 지속성인가?
홈즈와 왓슨은 고대로부터 해결되지 않고 전해져온
인격 동일성의 문제와 마주하게 된다.

5장

홈즈, 우리의 본질을 묻다

자연이 인간을 창조한 것은 안타까운 일이지.
왜냐하면 가치가 있을 때는 사람이지만
말썽을 부릴 때는 물질에 지나지 않기 때문이야.

- 『네 개의 서명』 중에서

진짜 수수께끼

비극은 한순간에 일어난다. 수많은 사건을 접한 홈즈였지만, 아직도 그는 비극적 사건에 익숙하지 않다. 인간의 노력이나 의지로 어찌해 볼 수 없는 그런 비극적인 사건은 홈즈를 숙연하게 만들었다.

홈즈와 왓슨이 오랜만에 만난 곳은 병실이었다. 침대에는 깡마른 남자가 누워 있었다. 그 옆에는 더 이상 흘릴 눈물도 없어 보이는 듯 멍하니 침대 위의 남자를 쳐다보는 허드슨 부인이 의자에 앉아 있었다. 시각 영역의 손상으로 물체의 움직임을 인지하는 것이 불가능하여 하루하루 지옥과 같은 삶을 살아가던 허드슨 부인의 남동생 윌리엄스 씨가 새벽녘에 자살 시도를 했다. 거실 창문의 손잡이에 줄을 매달았지만, 결국 손잡이가 깨어지고 말았다. 침대에는 한눈에 보기에도 깡마른 남자가 미동도 없이 누워 있었고, 그 옆에는 허드슨 부인이 초점을 잃은 눈으로 남동생을 바라보며 의자에 앉아 있었다. 홈즈와 왓슨이 방문했을 때 약간의 미소를 띠었지만, 검은 슬픔의 그림자는 그녀의 얼굴에서 사라지지 않았다.

"며칠 전부터 음식을 먹으려 하지 않더군요.…산책도 나가지 않고, 소파에 누워 멍하니 무언가만 응시하곤 했어요. 그러다 결국….'

윌리엄스 씨는 사흘째 의식 불명 상태로 누워 있었다. 언제 의식이 돌아올지는 아무도 알 수 없었다. 그는 혼자 힘겨운 싸움을 하는지 가끔 거친 숨을 내쉬었다. 두 남자는 허드슨 부인의 손을 꼭 잡아주고 말없이 병실을 나올 수밖에 없었다. 그들은 그 순간 어떤 위로의 말도 소용이 없다는 것을 잘 알고 있었다.

두 남자는 봄비 내리는 거리를 걸으며 베이커 가로 향했다. 레이첼 양이 그들을 맞아주었다. 그녀의 밝고 아름다운 모습은 어떤 비극도 비켜갈 것만 같았다. 두 남자는 윌리엄스 씨의 일에 대한 위로의 말을 레이첼 양에게 건넨 뒤에 방으로 올라왔다.

한편 스윈번 경의 보수파는 내분이 심화되었다. 스윈번 경의 오랜 친구이자 함께 보수파를 이끌어오던 로크 경이 갈등의 원인이 되리라고는 누구도 예상하지 못했다. 그동안 다양한 의견을 묵묵히 경청해오던 로크 경은 몇몇 젊은 학자들과 함께 스윈번 경의 이원론적 인간론에 반기를 들었다.

홈즈 자신도 〈인간연구〉에서 이렇게 빠른 시간 동안 다양한 입장들이 나올지는 예상하지 못했다. 이 모임은 역사상 존재했던 어떤 천재들의 모임보다도 역동적이면서 창조적인 열기로 가득했다. 역사의 한 페이지를 장식하려는 야망을 가진 젊은 학자들이 이 모임에 모여들었다. 많은 아이디어들이 쏟아져 나왔고, 다시 사라져갔다. 그러나 새로운 시각을 열어주고, 새로운 통찰을 가능케 해주는 혁신적이고 참신한 아이디어들이 나왔고, 그렇게 사상의 역사는 발전하고 있다.

그 역사를 쓰고 있는 몇몇 사람들 중에 홈즈도 포함되어 있다는 사실을 아는 이는 극소수의 사람뿐이었다. 행동주의와 강한 물리주의적 입장에 속하는 동일성 이론에 대한 홈즈의 비판은 결국 이 입장들의 쇠퇴를 불러일으켰다. 영혼에 대한 홈즈의 비판이 왓슨에 의해 널리 알려졌으며, 이는 급진파 지지자들에게 큰 영향을 주었다. 또한 정신적 인과력에 대한 홈즈의 통찰은 스윈번 경에게 정신적 인과력을 옹호할 수 있는 새로운 대안을 모색하도록 자극을 주었다. 그러나 홈즈는 정작 어느 진영에도 속하지 않았고, 어떤 입장도 지지하지 않았다. 아니, 적어도 왓슨은 그렇게 보았다.

"그래, 우리 인간이란 무엇인가, 왓슨?"

방 한가운데 놓인 탁자 위에는 르동 Odilon Redon의 정물화에나 나올 법한 화려한 색깔의 꽃병에 빨갛고 노란 튤립이 꽂혀 있었다. 레이첼 양이 시장에서 갓 사온 것이었다. 홈즈는 소파에 몸을 기대며 천정을 응시한 채로 왓슨에게 물었다.

"마치 이 물음을 묻기 위해 우리가 지금까지 달려왔다는 느낌이 드는데, 나만 그런 건가?"

"어떤가? 죽으면 흙으로 다시 돌아가는 존재이지 않은가? 의식이 있을 때는 온갖 감각적 쾌락을 쫓기도 하고, 우주에서 자기가 자기 자신을 생각하고 있는 존재라는 사실을 문득 깨닫고서 경이로움에 사로잡히기도 하고, 언제 닥쳐올지 모르는 죽음 때문에 힘들어 하기도 하고, 사랑에 불타올랐다가 이별에 시들어버리기도 하지만…어느 순간 끔찍한 사고를 당하거나 죽음에 이르면 몸뚱이만 덩그러니 남겨지니 그 모든 체험은 참 허무해 보이네."

왓슨은 홈즈가 던진 물음이 자신에게 너무 거대해서 허공에 손을 뻗어 무엇을 잡아야 할지 모르는 것과 같은 난감한 상황에 처해 있다고 생각했다. 게다가 윌리엄스 씨의 일로 받은 충격과 그로 인한 피로가 왓슨의 얼굴에 역력히 나타났다. 홈즈는 왓슨의 답을 기다리지 않고 말을 이었다.

"윌리엄스 씨를 보고 나오는 길에 문득 이런 생각이 들더군. '만일 로크 경이 주장하듯 영혼이 없다면, 나의 동일성은 어떻게 확보될 수 있는 걸까?'라는 생각 말이야."

"역시 자네는 나와 사고방식이 다르군. 나는 곧 실현될 냉동인간 프로젝트에 대해 생각했는데 말야. 지금은 아니더라도 백 년 뒤에는 윌리엄스 씨의 의식을 되찾게 해줄 뿐만 아니라, 손상된 시각 영역을 회복시킬 기술이 확보되어 있지 않을까 해서지."

"설령 백년 뒤에 윌리엄스 씨가 깨어나 의식과 시각 능력을 회복한다고 해도 썩 기분이 좋을 것 같지는 않군. 자신이 아는 사람들은 모두 이 세상에 없을 테니까 말일세. 왓슨, 내가 아까 던진 물음에 대해 로크 경이 어떤 생각을 하고 있는지 혹시 아는가?"

왓슨은 자신의 기억을 콧수염에 숨겨놓기라도 한 듯 콧수염을 손으로 비비며 잠시 생각에 잠겼다.

"아마 그때가 작년 가을이었을 거야. 즉 스윈번 경이 자네와 나를 자신의 저택으로 초대하기 불과 몇 달 전이지. 그때 나는 스윈번 경, 로크 경, 그리고 몇몇 동료와 함께 점심 식사 후 차를 마시며 대화를 나눌 기회를 가졌었지."

　"음…당시만 해도 로크 경과 스윈번 경의 견해 차이가 생기기 전이지 않는가?"

　"그렇다네. 하지만 그전부터 로크 경이 종종 스윈번 경의 이원적 인간론에 불만을 토로했었다는 점은 잘 알려진 사실이었네. 우리는 차를 마시면서 우리 문명의 법 제도, 도덕 질서, 인권의 토대에 있어서 영혼의 존재가 왜 중요한지에 대한 스윈번 경의 열변에 귀를 기울이고 있었지. 뭐, 딱히 새로울 것은 없었지만 말이야. 그런데 스윈번 경의 말이 끝났을 때, 로크 경이 이렇게 얘기했다네. '왜 영혼인가? 왜? 영혼을 가정하지 않아도 모든 것이 다 설명될 수 있을 텐데 말일세!' 우리 모두는 그 말에 놀라고 말았지. 그토록 조용하고 더군다나 스윈번 경과 친했던 로크 경이 신경질적인 말투로 그런 말을 내뱉었기 때문이야. 로크 경이 얼마나 오랫동안 스윈번 경의 생각에 반대해왔는지는 알 수 없지만, 그의 반응에 감정이 섞여 있었다는 건 확실했다네."

"재미있군. 스윈번 경의 반응은 대체 어땠는가?"

"스윈번 경은 감정의 동요가 없는 듯 보였네. 어쩌면 두 사람은 우리가 알지 못하는 대화를 이미 오래전부터 해왔던 것인지도 모르고. 아무튼 스윈번 경은 고대 시대에 존재했던 어느 영웅의 배에 관한 얘기*를 꺼냈다네."

"아하, 그 배에 관해서라면 나도 좀 알지. 영웅이 탔던 배가 몇 세대를 거치면서 부품이 조금씩 바뀌다가 결국 배의 부품이 모조리 바뀌게 되었는데, 나중의 배가 처음의 그 배와 같은 것인가에 대한 얘기 아닌가?"

"바로 그렇다네. 스윈번 경은 소위 '영웅의 배 난제'는 쉽게 해결될 수 있는 문제라고 말했지. 배의 부품이 전부 바뀌면 더 이상 이전의 배가 아니라는 거야. 그런 뒤에 심각한 표정을 지으며 독백하듯이 다음처럼 말했다네. '진짜 수수께끼는 배가 아니라 우리 자신에게 있다네'라고."

---

* 소위 "테세우스 배의 난제"라고 불리는 문제이다. 플루타르코스는 『영웅전』에서 처음에 "테세우스와 청년들이 타고 온 배가 오랜 세월을 거치면서 그 부품들이 모두 교체되었다면, 부품이 교체되기 전의 배와 교체 후의 배가 동일한 배인가?"라는 물음을 제기했다. 이후 영국의 철학자 홉스(T. Hobbes, 1588-1679) 등이 이 문제를 다시 언급하면서 이 문제가 유명해졌다.

"노련한 체스의 고수로서 스윈번 경이 보고 있는 수가 보이는군."

홈즈는 진한 담배 연기와 같은 미소를 지으며 말을 계속해서 이어갔다.

"스윈번 경은 우리가 영웅의 배나, 사랑의 격정을 일으키는 요정의 화살이나, 전쟁을 초래한 사과와 본질적으로 다르다는 것을 말하고자 하는군. 이런 것들은 이것을 구성하고 있는 요소들 혹은 부품들이 사라지거나 교체되면 더 이상 그 동일성을 유지하지 못하지만, 우리 인간은 그렇지 않아. 어제의 나와 오늘의 나 사이에는 분명히 물질적인 변화가 존재하지. 가령 머리카락이 빠지기도 했고 죽은 세포들이 떨어져 나가기도 했지. 그럼에도 '나'는 여전히 '나'이지 않겠는가? 스윈번 경이 로크 경에게 '체크메이트!'를 만들어낼 수 있는 수가 있다면, 결국 그 수는 '만일 영혼이 없다면, 나 자신이 예전의 나와 동일하다는 것은 어떻게 확보될 수 있겠는가?'이겠군!"

"역시 자네에게는 남다른 통찰력이 있네! 스윈번 경은 비록 신체의 구성 요소가 바뀌거나 심지어 흙으로 돌아간다고 해도, 영혼 하나하나는 고유하기 때문에 나의 동일성은 영원히 유지될 수 있다는 말을 했네. 그런 뒤에, 영혼을 부정하는 것처럼 보이는 로크 경에게 다른 어디에서 동일성의 기준을 찾을 수 있는 것인지를 물었다네."

"로크 경은 뭐라고 말했나? 정말 궁금하니 어서 말해주게나."

"아쉽게도 로크 경은 아무 말 없이 깊은 생각에 잠긴 채 침묵했다네."

"스원번 경에게 체크메이트를 당하고 말았군."

"그렇다면 만일 자네가 로크 경이라면 어떤 대안을 내어놓을 수가 있겠는가? 영혼을 제외한다면, 한 사람의 동일성을 확보해줄만한 멋진 후보가 언뜻 생각나지 않는단 말이야. 성격은 변할 수도 있고, 게다가 각자가 유일무이한 성격을 가질 수 있는 것도 아닐 테고…지문은 어떤가, 홈즈?"

"지문도 아닐세. 자네도 알다시피, 우리가 맡았던 범죄 사건 중에는 살갗을 벗겨내어 아예 지문을 없애버린 극악무도한 살인마도 있지 않은가? 지문이 사라지는 순간 지금까지 존재하던 사람이 다른 사람이 된다는 건 말이 안 되겠지."

왓슨과 홈즈의 모습은 의뢰받은 사건을 열정적으로 수사하던 젊을 때의 모습 그대로였다.

"누군가가 시간의 흐름에도 불구하고 동일한 사람으로 지속할 때, 그 동일성을 확인할 수 있는 기준은 아무래도 신체적인 요소에서는 찾기 힘들 것 같네. 신체적인 요소는 시간의 흐름에 따라 변화하기 마련이니까 말일세."

왓슨은 오늘따라 유난히 철학적 사유에 집중이 잘 되는 것처럼 보였다. 그는 마치 독백이라도 하듯이 자신이 말을 마치자 또 말을 이어나갔다.

"그렇다면 기억은 어떤가, 홈즈? 가령…나, 즉 왓슨이란 사람은 고유한 기억의 흐름을 가지고 있네. 자네를 처음 만났을 때, 우리가 처음으로 함께 사건을 해결했을 때, 자네가 라이헨바흐 폭포에 떨어져 죽었다고 믿었던 몇 년간의 끔찍했던 시간* 등등. 어제의 나와 지금의 내가 동일한 이유는 이런 일련의 기억을 공유하고 있기 때문이 아닐까?"

"아주 멋진 생각이네 왓슨! 길을 잃어버렸지만, 찾고 있던 번지수를 눈앞에서 찾은 느낌이야. 물론, 그게 로크 경의 견해라는 건 이미 알고 있네."

왓슨은 놀랍다는 듯 홈즈를 쳐다보며 말했다.

"아니, 그걸 어떻게 알고 있는가? 사실 스윈번 경과 함께 대화를 나눌 때 로크 경이 흘리듯이 한 말이었다네. 정확히 표현하자면, '기억, 기억이 열쇠일 거라고 생각하네만…'이라고 말했지. 하지만 그 말을 주의 깊게 들은 이는 로크 경 바로 옆에 앉아 있던 나밖에 없었을 걸세. 그 뒤로 시간이 날 때마다, 그때 로크 경이 흘리듯 한 말의 뜻이 무얼까 생각했고, 나 나름대로의 결론을 얻은 것이네. 아니, 그런데 자네는 로크 경이 이런 생각을 했다는 걸 어떻게 알았는가? 몇 십 년을 함께했지만, 자네의 능력은 여전히 나를 놀라게 하는군."

---

* 코난 도일, 『마지막 문제』 참조.

어디에나 있으면서 어디에도 없는 자

홈즈는 소파에서 기지개를 펴며 일어나 창가로 걸어가 커튼 사이로 거리를 잠시 내다보았다. 홈즈에 대한 취재 열기가 조금 잠잠해졌는지 수상한 남자들의 모습은 눈에 띄게 줄어들었다.

"가끔 나는 지금 우리가 하고 있는 일련의 일들이 범죄 사건을 다룰 때와 너무나 유사하다는 생각을 하곤 한다네. 흔히 사람들이 쉽게 간과하는 것이 있다네. 그건 바로 범죄 사건을 해결한 사람도 정작 범죄 현장을 직접 목격하지는 않았다는 사실이지. 내가 해결했던 그 많은 사건들이 실은 의뢰받은 사건들이라는 점이 그걸 말해주고 있지 않은가? 나는 살인마가 살인을 저지르는 바로 그 순간에 그곳에 있지도 않았고, 위험한 범죄의 계획을 모의하는 바로 그 장소에도 함께 있지 않았지. 그러나 내가 사건의 정황을 올바로 추론해내고 마침내 범인을 잡았다는 것은 무엇을 의미하겠는가? 이와 마찬가지로, 나는 영혼을 직접 보지 않았고 마음이 신체에 미치는 인과적 영향력을 신의 정신으로 들여다보지도 않았다네. 다만 추론할 뿐이지. 참이 아닌 것 같은 가정과 조건을 버리는 일은 지금 우리가 하고 있는 일에서도 대단히 중요하다네. 버리고 나서 남아 있는 것이 무엇이든 그건 진실일 거라는 점이지."

"그건 나도 동의하는 바네. 그렇다면 자네는 우리가 하는 일들에서도 어떤 범인과 같은 것이 있고, 그걸 찾을 수 있다고 믿고 있는

건가? 내 서툰 표현을 좀 이해해주게나."

홈즈는 크고 긴 손으로 턱을 괸 채 말했다. 커튼 사이로 들어오는 햇살 때문에 홈즈의 두 눈은 보이지 않았지만, 누구나 그가 굉장히 집중하고 있다는 것을 알아차릴 수 있었다.

"범행을 저지른 범인이 존재하는 세계에 우리는 살고 있다고 나는 믿는다네. 누군가는 '사실은 없다. 오직 해석만이 있을 뿐이다'*

---

* 철학자 니체(F. Nietzsche)의 말이다.

라고 말하곤 하지만, 나는 거기에 동의하지 않네. 범행을 직접 저지른 범인과 그것을 단지 목격한 목격자는 사실의 문제이지 해석의 문제가 아니라네. 만일 그렇지 않았다면 나는 범인을 잡지도 못했거나, 우리가 범인이라고 믿었던 사람들은 사실 우리가 '범인'이라고 해석한 자들에 불과하게 될 것이네. 나는 사물과 그 사물의 그림자가 전혀 다른 성질들을 가지고 있다고 생각하네. 저 꽃병의 그림자는 저 꽃병이 존재하는 한에서만 존재하지. 꽃병이 존재하지 않는데, 꽃병의 그림자만 존재할 수는 없을 것이네. 또한 누군가가 꽃병을 던져서 유리창을 부술 수는 있지만, 꽃병의 그림자가 그럴 수는 없을 것이네. 나는 사물과 사물의 그림자가 존재론적으로 서로 다른 성질을 가지고 있다는 것은 해석의 문제가 아니라, 세계에 대한 견고한 지식에 속하는 문제라고 생각하네. 즉 사물과 그 사물의 그림자의 차이를 모르는 세계보다 그 차이를 아는 세계가 세계에 대한 지식을 더 많이 알고 있는 세계라는 얘기지."

"굉장히 심오한 얘기일세, 홈즈. 몇 번은 곱씹어 보고 싶은 얘기인 것 같고. 내가 이해한 게 옳다면, 우리가 지금까지 이야기한 많은 입장들은 세계의 진짜 모습에 더 다가가기 위한 노력이라고 볼 수 있겠는가?"

"나는 그렇게 생각하고 있네, 왓슨. 만일 신이 있다면, 그는 우리의 문제들에 대한 답을 알고 있을 테고, 그 답이 바로 이 세계의 모습이라고 믿고 있지. 내가 만일 신을 믿는다면, 지적인 완전함에 대한 동경 때문일 걸세."

"음…홈즈, 그럼 우리의 논의로 다시 돌아와서 물어보겠네. 한 사람의 동일성에 대한 기준이 그의 기억일 수 있겠는가?"

"영혼을 가정하지 않는다면, 우리의 동일성에 대한 기준으로 기억의 지속성은 좋은 후보가 될 수 있다고 생각하네. 그러나 멀리 갈 필요도 없이 윌리엄스 씨의 경우를 생각해보게나. 윌리엄스 씨가 의식을 잃는 순간 그는 자신의 인생에 대해 기억할 수 없게 되었네. 그렇다면 의식을 잃기 전의 윌리엄스 씨는 지금 병실에 누워 있는 윌리엄스 씨와 동일한 인물이 아니라는 말인가? 만일 누군가가 자네의 갓난아기 때 사진을 보여주면서 사진 속의 아기가 누구인지 묻는다면, 자네는 '이 아기는 바로 저입니다'라고 하지 않겠는가? 자네는 갓난아기 시절을 기억하지도 못하는데, 어떻게 그 갓난아기가 지금의 자네와 동일 인물이라고 말할 수 있겠는가?"

"자네의 말을 듣고 보니, 내가 너무 한 면만을 보고 있었다는 생각이 드는군. 그렇다면 기억의 지속성 역시 동일성의 기준으로서 적합하지 않다는 말인가?"

"그게 문제란 말이지…." 홈즈는 말끝을 흐린 뒤에 다시 정신을 차리고 말을 이어나갔다.

"지금 내게 분명한 것은 기억의 지속성이 아니라 유기체의 지속성을 기준으로 삼는다면, 위의 문제는 발생하지 않을 거란 점이지. 자네나 나는 생물학적으로 살아 있는 유기체네. 이 유기체는 단지 신체 부분들의 총합과는 동일하지 않지. 왜냐하면 신체의 각 부분이 없어진다고 하더라도 동일한 유기체로 남겨지기 때문이네. 가령 내가 오른팔을 잃어버린다고 하더라도 내가 죽어서 흙으로 분해되지 않는 이상은 동일한 나로 남겨질 걸세. 즉 팔이 절단되어도 동일한 유기체로 볼 수 있다는 것이지. 만일 우리를 살아 있는 유기체로 본다면, 누군가가 과거의 기억을 가지고 있든 아니든 상관없이 동일성은 확보될 것이네. 윌리엄스 씨는 과거의 윌리엄스 씨와 동일한 윌리엄스 씨, 즉 동일한 유기체이며, 갓난아기 때의 자네와 지금의 자네 역시 동일한 유기체라고 할 수 있을 거야. 비록 시간의 경과에 따라, 곧 유기체가 성장함에 따라 크기나 모양이 변할 수는 있겠지만, 수적으로 하나인 개체이기 때문일세."

"그 말은 우리가 단지 살아 있는 유기체에 지나지 않는다는 말인가?"

"날카로운 질문이네 왓슨. 형이상학적인 문제들은 많은 부분에서 서로 얽혀 있더군. 살인 사건도 그렇지 않은가? 비록 범행을 저지른 범인이 있지만, 그러한 일이 일어나기까지는 많은 일들이 서로 얽혀 있으니까 말일세. 우리의 동일성의 문제는 결국 우리가 무엇인지에 대한 문제와 연결되어 있네. 스윈번 경처럼 우리를 영혼과 신체의 결합체로 보느냐, 우리를 살아 있는 유기체로 보느냐, 우리를 기억의 지속성과 같은 어떤 정신적인 능력을 가진 존재로 보느냐에 따라, 동일성의 기준도 달라지는 셈이지. 스윈번 경이라면, 우리의 본질을 이루는 쪽은 신체가 아니라 영혼이므로, 영혼의 동일성이 곧 우리의 동일성이라고 볼 것이네. 만일 우리를 본질적으로 살아 있는 유기체로 본다면, 유기체의 동일성이 곧 우리의 동일성일 것이고. 어떤 정신적인 능력 X를 가진 존재라면, 그 X만 유지된다면 우리의 동일성은 유지가 되는 것일 테지."

"나는 의사로서⋯우리를 살아 있는 유기체로 보는 쪽이 맘에 드는 것 같군. 기억의 동일성을 가정할 때 발생하는 문제도 피해갈 수 있고 말이야."

"글쎄⋯지금 우리가 얘기하고 있는 입장들은 자네가 의사인 것과는 별로 상관이 없을 거야. 의사들은 사람의 신체를 직접적으로 관찰하고, 치료하지. 그러나 '우리는 본질적으로 무엇인가?'와 같은 물음은 다루지 않는다네. 이 물음은 보다 보편적인 물음을 다루는 형이상학에 속하는 문제이니까."

"그렇지. 나도 이미 알던 바이지만, 자네와 대화하면서 정리하니까 확실히 이해가 되는군."

"이런 세계를 한번 가정해보게나. 올슨*Olson이라는 이름의 독재자가 통치하는 상상 속의 세계이지. 이 세계는 '올슨 법전'이라는 법전에 의해 법질서가 확립되어 있다고 가정해보세. 올슨은 자신을 포

---

* 인격 동일성 문제와 관련하여 소위 "동물주의"(animalism)를 지지하는 대표적인 철학자이다. "왓슨의 다섯 번째 보고서" 참조.

함한 모든 사람들이 본질적으로 살아 있는 유기체라는 생각을 관철시켰네. 그래서 '올슨 법전'에 따르면, 행위자는 곧 살아 있는 유기체와 동일하다고 명시되어 있네. 그런데 K라는 사람이 올슨의 통치에 불만을 품고 쿠데타를 주도하다가 체포 직전에 처했어. K를 도와주던 한 신경외과 의사는 자신의 두뇌를 뇌사 상태에 처한 한 신체 기증자에게 이식해달라는 K의 요청을 들어주었고, 뇌 이식 수술은 성공했다네. 자, 어떤 일이 벌어졌겠나? K의 뇌가 이식된 신체 기증자는 의식이 회복되면 K의 모든 기억을 갖게 될 것이네. 그때 올슨의 경찰들이 들이닥쳤다고 가정해보세. 그들은 과연 누구를 반역자들의 우두머리로 체포할 수 있겠는가? 이제 막 숨을 거두기 직전인 K의 신체이겠는가? 아니면 K의 기억을 고스란히 가진 신체 기증자이겠는가? '올슨 법전'에 따른다면, 올슨의 경찰들은 죽어가는 K의 신체라도 붙잡아야 하겠지. 그러면 왜 K의 두뇌가 이식된 기증자는 안 되는가? K의 두뇌가 단지 K라는 유기체의 한 부분에 불과하기 때문일까? 그런데 문제는 여기서 끝이 아닐세. K의 기억을 고스란히 물려받은 신체 기증자가 이제는 자기가 K라며 떠벌리고 다니면서, 다시한번 쿠데타를 일으키려고 한다고 해보세. 올슨은 이 신체 기증자를 자신의 목숨을 끈질지게 노리던 바로 그 K로 인정해야 하지 않을까? 만일 아니라면, 왜 이 신체 기증자는 K가 될 수 없는 것일까? 만일 올슨이 이 자를 K로 인정하기 위해서, 한 유기체의 기억을 충분한 조건에서 재생시킬 수 있는 살아 있는 두뇌가 다른 유기체에 이식된다면 자아의 정체성은 이어진다는 조항을 법전에 추가한다면, 결국 올슨은 자신이 가졌던 기존의 입장, 즉 한 개인의 동일성은 곧 유기체의 동일성이란 입장을 버리게 되는 셈이 되네. 왜냐하면 기억의 동일성이라는 요소를 끌어들였기 때문이야."

"복잡하군, 복잡해. 우리를 유기체로 보는 입장이나, 기억과 같은 어떤 정신적인 능력 X를 가진 존재로 보는 입장이나 모두 난점을 가지고 있는 셈이로군. 그런데 흥미로운 문제임에는 틀림없지만, 너무나 현학적인 문제라서 우리의 삶과는 동떨어져 있다는 느낌이 드는군."

"언제나 느낌을 존중해야 하지만, 마지막에는 느낌에 기대지 말게나, 왓슨! 맞아. 사람들은 왜 굳이 우리의 동일성에 대해 생각해야 하느냐고 불평할 수도 있을 거야. 하지만 동일성의 문제가 행위의 책임과 연결되어 있다는 점을 알게 된다면, 누구도 이 문제를 폄하할 수 없게 될 걸세. 우리가 그 많은 범인을 잡을 수 있었던 이유는 무엇인가? 체포된 범죄자가 범행을 일으킨 바로 그 사람과 동일하기 때문이 아니겠는가? 만일 그렇다면, 어떤 조건으로 인해서 체포된 자와 범행을 저지른 자가 동일한 사람인 것일까? 혹은 동일하지 않다면, 어떤 조건이 충족되지 못했기 때문일까? 이는 아주 중요하고 간단해 보이는 물음이지만, 답하기는 쉽지 않은 셈이지."

"자네와 얘기하다 보면 언제나 시간 가는 줄을 모르게 되는구만. 저녁으로 연어 요리와 와인 어떤가?"

홈즈는 잠깐만 기다려달라는 제스처를 취하고는 조용히 책상으로 걸어갔다. 그리고 서랍에서 오래되어 보이는 종이 몇 장을 꺼냈다. 그것은 누군가가 홈즈에게 보낸 편지였다. 홈즈는 천천히 편지를 읽기 시작했다.

스스로를 똑똑하다고 믿고 있는 가여운 친구 홈즈에게

비가 오는 밤 내게 떠오르는 단 한 사람에게 즐거운 마음으로 편지를 쓴다네. 홈즈, 바로 자네에게. 사실 나는 자네에게 큰 희망을 걸고 있다는 것을 말해주고 싶다네. 오랜 시간 나를 사로잡아온 충동, 지금 이 순간에도 난로의 아궁이에서 솟구쳐 오르는 불길보다도 더 이글거리는 충동을 누군가 잠재울 수 있다면, 그건 바로 자네가 아니겠는가? 이 점이 나를 흥분시킨다네.

라이헨바흐의 폭포에서 맞닥뜨리기 전부터 나는 자네를 보았지. 깊은 밤 중에 피와 살덩이로 번들거리는 골목길에서 자네는 멍청한 동료들과 함께 당황해하곤 했지. 한번은 구역질을 하는 모습을 보기도 했다네. 왜 그런 사실은 세상에 알리지 않았는가? 자네에게 해결하지 못했던, 런던에서, 아니 세계에서 가장 유명한 사건이 남겨져 있었다는 걸? 단지 의뢰한 사람이 없었기 때문이라고 아무렇지 않은 듯 넘겼지만, 나는 그 이유를 잘 알고 있다네. 자네의 마음 깊은 곳에는 비참함과 열등감이 마치 버려진 도시의 흉측한 청동상처럼 덩

그러니 놓여 있다는 것을. 물론, 자네는 그때처럼 지금도 나를 잡을 수는 없을 걸세. 나는 어디에나 있으면서도 어디에도 없는 사람이니까. 나는 모든 사람이면서도 나 자신이니까. 나는 영원한 삶을 살아간다네, 홈즈. 이발사로, 경찰로, 변호사로, 의사로, 교수로, 정치인으로…. 왜냐고? 악은 다양한 삶의 방식에서 다양하게 표현되기 때문일세.

나는 자발적이면서도 구속받지 않는 자아의 진지한 성찰 끝에* 향긋한 와인 한 잔을 음미하는 일과 살인을 하는 일, 산책 후에 꿀을 넣은 레모네이드 한 잔을 마시는 일과 누군가를 고문하는 일 사이에는 절대적인 차이가 없다는 결론에 도달하게 되었다네. 따라서 내가 존재하는 한 눈물이 마를 날이 이 세상에 오지는 않을 걸세. 내가 사람의 얼굴에서 육체와의 영원한 이별을 준비하며 머뭇거리는 영혼을 응시하는 걸 좋아하는 한.

---

* 미국 역사상 가장 악명 높은 연쇄살인마인 번디(Bundy)가 실제로 한 말은 다음과 같다. "…돼지, 양, 소와 같은 동물을 죽이는 것보다 인간이라는 동물을 죽이는 것이 왜 더 그른 일인가? 돼지의 생명이 돼지에게 중요한 것보다 당신의 생명이 당신에게 더 중요하단 말인가? 왜 전자보다 후자를 위해서 나의 쾌락을 기꺼이 희생해야 하는가? 분명히 당신은 오늘날 과학 계몽의 시대에 살면서, 신이나 자연이 어떤 쾌락들은 '도덕적인' 또한 '선한' 것으로 그리고 다른 쾌락들은 '부도덕한' 또는 '악한' 것으로 낙인찍었노라고 단언하지 않을 것이오. 나의 사랑스러운 아가씨, 내 당신에게 분명히 말하지만, 내가 힘을 먹을 때 취할 수 있는 쾌락과 내가 당신을 강간하고 죽임으로써 기대하는 쾌락 사이에는 절대적으로 그 어떤 차이도 없소. 이는 나의 자발적이면서 구속받지 않은 자아의 가장 진지한 성찰 끝에, 내가 받은 교육에서 내가 이끌어낸 정직한 결론이오." 루이스 포이만, 제임스 피저, 『윤리학 옳고 그름의 발견』, 박찬구 외 옮김, 울력, 2010. 48-49.

베이커 거리의 그 낡은 집에서 창밖을 내다보는 자네의 모습이 애처롭게 느껴지더군. 형이상학을 한다고? 그따위 형이상학은 아궁이에 던져버리게나. 나를 잡지 못한다면, 형이상학이 무슨 소용이 있겠는가? 가여운 친구여, 지금 이 순간의 쾌락을 붙잡도록 하게나!

　　　　－ 어디에나 있으면서 어디에도 없는 옛 친구로부터.

왓슨은 무슨 말을 해야 할지 모른다는 듯 놀라서 둥그레진 눈으로 홈즈를 쳐다보았다.

"미안하네, 친구. 너무 늦게 이 편지를 공개해서 말이야."

"혹시 그 편지를 쓴 사람은….."

"그래, 자네도 짐작하겠지. 모리아티, 아니 우리가 한때 모리아티 교수라고 불렀던 그 자라네."

"그러면, 그 자가 바로 잭 더 리퍼*Jack the Ripper란 말인가?!"

"음. 적어도 이 편지에 의하면. 내가 유일하게 해결하지 못한 연쇄 살인 사건의 범인이라네."

왓슨은 믿을 수 없다는 표정으로 홈즈를 바라보았다. 흥분이 가라앉자 힘없이 축 처진 듯 보이는 홈즈의 모습이 왓슨에게 왠지 낯설게 느껴졌다.

왓슨은 홈즈에게도 그런 쓰라린 기억이 있다는 사실을 모르고 있었다. 사건 앞에서 늘 자신감 넘치고 초인적이었고, 심지어 오만하게 보이기까지 했던 홈즈에게 그런 깊은 상처가 있는지 이제서야 알게 되었다. 그는 어쨌든 대화는 마무리해야 했기에 나지막한 목소리로 홈즈에게 물었다.

"그럼 자네는 그 편지의 내용, 그러니까 그 자가 영원히 살면서

---

* 1888년 약 2개월 동안 런던에서 최소 다섯 명의 매춘부를 잔인하게 살해한 연쇄 살인마로서 지금까지 그 정체가 밝혀지지 않았다.

악을 행할 거라는 말을 진짜라고 믿는 건가? 아니, 모리아티 교수는 폭포에 떨어져 죽지 않았나?"

"글쎄…우선, 라이헨바흐 폭포에서 만난 늙은이는 모리아티 교수가 아니었네. 모리아티 교수는 절벽 아래로 떨어진 나를 향해 바위를 떨어뜨렸던 그 거구의 남자였던 거야!" 순간 왓슨의 머릿속에는 지금까지 자신과 홈즈가 살아 있는 악을 잡지도 못한 채 형이상학이라는 지적 사치에 빠져 있었던 건 아닌가라는 생각이 스쳐갔다. 순간 정체를 알 수 없는 굉장한 공포감이 밀려왔다.

'우리는 지금까지 도대체 뭘 하며 시간을 보냈던 것일까…?'

홈즈는 왓슨의 심정을 충분히 공감할 수 있었다. 하지만 감정에 휩쓸리는 자기 모습을 그대로 보고 있을 홈즈가 아니었다.

"왓슨, 지금 우리에게 중요한 점은 이 편지에서 주장하듯이 만일 어떤 미지의 기술에 의해서 그의 자기 정체성이 계속해서 유지된다면, 우리가 지금까지 논의했던 문제와 정확히 연관된다는 것일세. 그 기술이 무엇이든, 모리아티 교수의 자기 정체성이 유지된다면, 그 정체성을 확보해주는 객관적인 기준은 과연 무엇이겠는가? 만일 그의 자기 정체성을 확보하게 해주는 어떤 객관적인 기준이 존재하지 않는다면, 우리는 영원히 모리아티 교수, 아니 모리아티라고 한때 불렸던 '존재들'을 찾지도 잡지도 못할 것이고, 설령 잡는다고 해도 과거의 범행에 책임을 지우지는 못할 것이네."

왓슨은 아무 말도 하지 않은 채 자리에서 일어나 옷걸이에 걸어둔 외투를 집어 홈즈에게 건넸다. 왓슨은 뭔가에 머리를 강하게 얻어 맞은 듯한 충격을 어떻게든 감추고 싶었다. 오랜만에 엄습해온 그런 느낌이 싫었기 때문이었다. 왓슨은 레이첼 양과 함께 식사하러 가기를 원했지만 홈즈는 동의하지 않았다.

두 남자가 거리로 나섰다. 무슨 일이 있었냐는 듯 향긋한 봄바람이 그 둘을 반겨주었다. 왓슨에게 편지 속의 인물이 어디선가 자신을 지켜보고 있을 것 같은 불쾌한 느낌이 강하게 엄습했다. 그러나 이내 왓슨의 마음은 조금씩 평온해졌다. 그는 홈즈 덕분에 로크 경, 스윈번 경과 동료들을 만나서 나눌 얘깃거리가 많아졌다는 생각에서 위안을 얻었다.

과거의 쓴 기억을 맛본 홈즈는 아무 말도 하지 않았다. 그는 분주한 발걸음으로 빠르게 모였다 흩어지는 인파 속으로 들어가 왓슨과 함께 사라져버렸다.

이 보고서를 쓰고 있는 지금 이 순간에도 놀란 가슴을 진정시키려고 노력해야만 한다. 모리아티 교수가 지금도 어딘가에 살아서 악을 자행하고 있다고 생각하니 참담한 심정이다. 어쩌면 모리아티 교수가 아닌 한때 "모리아티"라고 불렸던 존재일 수도 있다고 생각하니 불길한 예감을 숨길 수가 없다. 홈즈는 이 불확실한 실체에 대해 어떤 생각을 하고 있을까? 그는 그 실체를 쫓기 위해 탐정으로 다시 돌아갈까? 아니, 그 실체란 게 있기는 한 걸까? 이에 대해 홈즈는 침묵으로 일관하고 있다.

그러나 홈즈와의 지난번 대화를 통해 나는 많은 것을 깨달을 수 있었다. 최근에 로크 경은 〈영혼과 정신적 인과, 그리고 자유의지〉라는 주제의 학술회를 위해, 영혼이라는 정신적 실체를 가정하지 않고도 개인의 동일성을 설명할 수 있다는 내용을 담은 발표문을 준비하고 있다.

우선 스윈번 경의 생각을 요약하자면 다음과 같다. 내가 글을 쓰고 있는 이 책상은 하나의 실체다. "이것은 하나의 책상이다", "이 책상은 무겁다" 등에서처럼, 우선 문장의 주어가 되기 때문이다. 그리고 책상은 "딱딱함", "무거움", "갈색" 등과 같은 속성을 담지하고 있는 담지자이다. 속성은 변할 수 있어도 실체는 변하지 않는다. 만일 책상을 하얀색으로 칠한다면, 이 책상의 속성 하나는 바뀌겠지만, 여전히 동일한 책상이다. 스윈번 경의 이런 생각이 가지는 장점은 사물과 개인의 동일성을 잘 설명해줄 수 있기 때문이다. 스윈번 경에 따르면, 우리는 다른 사물들과는 달리 정신적인 실체가 본질적인 부분을 이룬다. 정신적인 실체는 마치 책상이 그러하듯 어떤 느낌, 어떤 생각, 어떤 기억 등과 같은 정신적인 속성을 담고 있는 담지자이다. 누군가가 기억의 일부를 잃어버릴 수도 있지만, 그렇다고 해서 정신적 실체가 변한 것은 아니다. 이 정신적 실체가 바로 영혼이다.

해밀턴 목사와의 대화에서도 드러났듯이, 영혼의 존재를 가정하면 몇 가지 해결되기 힘들어 보이는 난점이 발생한다. 따라서 로크 경은 영혼을 가정하지 않고도 개인의 동일성을 설명할 수 있음을 보이고자 한다.

이 문제와 관련하여 〈인간연구〉에는 몇 가지 입장이 형성되고 있다. 그 입장들은 다음과 같다.

1) 기억의 지속성

로크 경에 의해 주창된 이 입장은 주로 영혼을 믿지 않는 학자들이 지지하며, 가장 많은 지지자들을 확보하고 있다. 기억의 지속성을 한 개인의 동일성에 대한 척도로 본다.

2) 실체 이원론

보수파인 스윈번 경과 그 지지자들이 고수하고 있는 입장으로서 영혼의 동일성을 한 개인의 동일성으로 본다. 영혼은 물질인 신체와 독립적으로 존재할 수 있기 때문에, 사후에도 한 개인의 동일성은 영혼과 함께 확보된다. 실체 이원론을 지지하는 어떤 이는 오직 신만이 하나의 영혼을 다른 영혼과 구분할 수 있으며, 따라서 신이 동일성을 확보해주는 궁극의 존재라고 주장하기도 한다. 어쨌든 이 입장은 입지가 점점 좁아지고 있다.

3) 동물주의

살아 있는 유기체의 동일성을 한 개인의 동일성이라고 보는 입장으로서 급진파의 신진 학자 올슨E. Olson 등이 지지하는 견해다. 이 입장은 유기체만 살아 있다면 기억을 잃거나 의식을 잃어도 개인의 동일성은 확보되므로, 기억이나 어떤 본질적 속성 등이 불필요하다고 본다.

4) 구성주의

보수파와 급진파의 극단을 피하고자 온건파의 수장 베이커L.R. Baker 등이 지지하는 입장이다. 우리는 인간인격human person이며, 인간인격은 인간유기체human organism의 의해 구성된 인격person이다. 인격은 본질적으로 일인칭 시점the first personal perspective을 가지는 존재다. 만일 천사나 외계 생명체가 제 삼자의 도움이나 외부의 도움 없이 자기가 자기 자신임을 아는 일인칭 시점을 본질적으로 취한다면, 천사나 외계 생명체는 인격의 지위를 갖는다. 베이커와 그의 지지자들은 제2차 세계대전 중 머리에 부상을 입고 모든 기억을 잃었음에도 불구하고 자기가 자기 자신임을 알았던 한 러시아 병사의 예를 들면서, 자신들의 이론은 형이상학적인 이론이며, 설득력 있는 경험과학적 근거를 가진다고 주장하고 있다.

5) 서사성 이론
누군가를 이전의 사람과 동일한 사람으로 볼 수 있는 이유는 그가 가진 삶의 이야기의 연속성 때문이라고 주장하는 이론이다.

한 낭만주의 시인은 다양한 입장들이 막 생겨나는 〈인간연구〉의 생동감 있는 모습에 감명을 받아서 다음처럼 읊었다.

피어나라 사유의 불꽃이여,
영원히 지워지지 않을 천재들의 흔적이여,
마치 보잘 것 없던 가스의 덩어리에서 장엄한 별들이 눈을 뜨듯이….
                              - 키츠, [별들의 시대] 중에서

나는 이 시가 현재 우리 학회의 생동감 넘치는 상황을 잘 표현해 주고 있다고 생각한다. 홈즈를 포함해 많은 회원들이 좋아하는 이 싯

귀는 대리석판에 새겨져 학술회장의 복도에 전시될 것으로 보인다.

홈즈와 대화를 나누기 전까지 나는 동일성의 문제가 이토록 복잡한지 몰랐고, 현실적으로도 중요한 문제라는 사실을 깨닫지 못했다. 나는 홈즈와 함께 밤으로 물든 거리에 나와 인파에 갇히기 전에 그가 내게 가볍게 던진 말을 옮겨보는 것으로 보고서를 마무리하려고 한다. 홈즈에게 그 이상을 요구할 수 없다는 것을 나 자신이 잘 알기 때문이다. 윙크하며 농담하듯 던진 홈즈의 말은 죽기 전까지 내 머릿속을 떠나지 않을 것 같다.

"만일 신이 태아 때의 자네와 지금의 자네가 동일한 존재라는 걸 안다면, 그건 그가 신이기 때문이겠는가? 아니면 절대적인 기준이 있기 때문이겠는가? 잘 가게, 왓슨."

자유의지는 존재하는가?

우리를 포함한 모든 대상은

물리적 입자로 구성된 물리적 대상이다.

그래서 이 모든 것은 물리 법칙에 따라 생성하고 소멸하며,

변화해야만 하는 것 같다.

인간 역시도 그러할까?

우리는 종종 더 가치 있는 일을 위해서

식욕이나 심지어 생존 욕구까지 버리기도 한다.

자신의 조건을 넘어서고자 계획을 세우며 노력한다.

또한 나의 행위나 타인의 행위를 평가하고,

잘못된 행위에 대해서는 비난을 하거나 칭찬하기도 한다.

우리 모두는 내가 내 의지로 행한 일에 대해서는

책임을 지려고 한다.

물리적 입자로 구성된 세계 내에서

어떻게 이런 일이 가능할까?

아니면 자유의지는 두뇌 작용이 만들어낸 허구일 뿐이며,

우리는 단지 자유롭다고 착각하는 것일까?

홈즈와 왓슨은 자유의지라는 불가사의한 존재를 찾고자

마지막 전력을 다한다.

6장

홈즈,
자유의지를 묻다

인생은 커다란 쇠사슬이기 때문에 그 본성을 알려면 한 개의 고리만 알면 된다네.

– 『주홍색 연구』 중에서

그는 누구보다도 악마적인 유전 성향을 지니고 있었어.
유전적 범죄 소질이 그의 핏속에 흐르고 있었던 거야.

– 『마지막 문제』 중에서

사라진 홈즈

유난히 눈이 많이 내리던 겨울의 어느 날, 홈즈는 레이첼 양에게 쪽지 하나를 남긴 채 잠적해버렸다. 그 쪽지에는 다음처럼 적혀 있었다.

영원한 삶을 꿈꾸는 악마를 찾으러 간다네.

혹시 돌아오지 못하더라도 슬퍼하지 말게나.

우리의 우정은 영원히 빛날 테니까 - 홈즈.

왓슨은 그런 홈즈의 태도에 적응이 될 법도 했지만, 홈즈의 돌발 행동은 왓슨을 불안하게 만들었다. 라이헨바흐 폭포 사건* 때 받았던 충격이 남아 있던 탓이었다. 홈즈가 죽었다고 믿었던 3년이란 시간 동안 왓슨은 홈즈 없는 인생이 얼마나 가혹한지를 뼈저리게 느꼈다. 거울에 비친 자신의 모습이 마치 흙바닥에 떨어진 흉한 목련 꽃잎 같다고 느껴질 때도 있었다.

'홈즈는 그새 형이상학에 대한 흥미를 잃어버린 것일까? 다시 탐정으로 돌아간 것일까? 대체 영원한 삶을 꿈꾸는 악마는 누구란 말인가?…'

왓슨은 아무것도 짐작할 수 없었다. 그러나 감정을 추슬러야만

---

* 코난 도일, 『마지막 문제』 참조.

했다. 며칠 뒤에 〈인간연구〉에서 주최하는 콜로키움이 있기 때문이다. 콜로키움은 흥미로운 연구를 하는 심리학자나 철학자 한 명을 초대해서 발표를 듣고, 모인 회원들끼리 토론을 하는 일종의 학술 정기모임이다. 날이 갈수록 콜로키움의 학술적 수준이 높아지면서, 그만큼 열기가 뜨거워지고 있다. 이번에 왓슨은 로스G. Roth이라는 젊은 심리학자를 직접 섭외했다. 로스는, 자유의지는 존재하지 않으며 우리가 자유롭다는 건 순전한 착각이라는 주장으로 논란의 중심에 서 있다.

왓슨은 이번 콜로키움에서 스윈번 경을 비롯한 보수파들이 이제 막 자신의 재능을 꽃피우기 시작한 젊은 학자 로스를 너무 심하게 몰아붙이지는 않을까 걱정이 되었다. 물론 왓슨은 노련하고 경험이 많은 스윈번 경이 이를 잘 조율해줄 것이라고 믿었다.

로스와 비트겐슈타인

이틀 동안 눈이 내리고 있다. 방 안으로 한두 명씩 모여들기 시작했다. 사람들은 눈에 젖은 외투와 모자를 옷걸이에 걸며 오늘 벌어질 콜로키움에 대해 대화를 나누었다. 총 11명의 회원들이 의자에 앉아 있었다. 가장 뒤쪽, 난로 옆에는 백발의 노학자 스윈번 경이 다리를 꼬고 앉아서 곧 등장할 젊은 심리학자를 기다리고 있었다.

이윽고 왓슨은 다소 무표정한 로스와 함께 방 안으로 들어왔다.

로스는 미리 준비해온 발표문을 단상 위에 올려놓았다. 스윈번 경이 미소를 지으며 로스를 향해 준비한 것을 읽어도 된다는 눈빛을 보냈다. 로스가 다소 긴장한 듯 발표문을 읽으려고 할 바로 그때, 누군가 문을 열고 들어왔다. 덥수룩한 구레나룻과 수염을 기른 마른 남자는 스윈번 경에게 손을 들어 인사를 한 뒤 외투를 벗어 바닥에 던지듯 내려놓았다. 그리고는 스윈번 경 앞으로 가서 자리에 앉고는 로스를 쏘아보기 시작했다.

왓슨은 다소 걱정스런 표정으로 스윈번 경을 쳐다보았으나 스윈번 경은 아무 문제없다는 듯한 표정으로 왓슨을 안심시켰다. 로스는 발표문을 읽어가기 시작했다.

"햄릿은 '인간은 얼마나 위대한 작품인가, 이성은 높고 귀하며 능력은 한계가 없다. 또한 생긴 모양과 움직임이 틀림없이 확실하여 얼마나 뚜렷한가. 몸의 움직임은 천사와 같고 이해력은 신과 같으니 세계의 아름다움이요 만물의 영장이다'(『햄릿』 2막 2장)라고 말한 뒤에 '그러나 내겐 그 인간이 한낱 먼지로밖에 안 보인단 말일세. 내겐 인간이 역겹다구' 하며 인간의 특별함과 고귀함에 대한 일반적인 찬사를 비아냥거립니다. 너무나 오랫동안 인간은 이성을 가진 존재로 이해되어 왔으며, 다른 동물들과 달리 고귀한 신분을 가진 만물의 영장으로 간주되어왔습니다. 그러나 최근 저를 포함한 일군의 생물학자와 심리학자들은 인간을 고귀한 존재로 만들어준다고 믿었던 능력들이 존재하지 않는다는 실험 결과를 얻었습니다. 정확히 말하자면, 저와 제 동료들이 제시하는 실험 결과들은 우리가 자유롭다는 느낌이 실은 두뇌가 만들어낸 착각에 불과하다는 점을 암시해줍니다. 얼마 전 저의 스승인 리벳B. Libet은 획기적인 실험을 선보였습니다. 피실험자의 두뇌에 두뇌의 전기 신호를 측정하는 장치를 붙였지요. 피실험자의 앞에는 일정한 간격으로 눈금이 그려진 시계가 놓여 있었습니다. 리벳은 피실험자가 버튼을 누르고 싶을 때면 언제든지 버튼을 누르라는 부탁을 했습니다. 또한 피실험자에게 버튼을 누르고 싶다는 생각이 들 때 시계의 초침이 어디에 놓여 있었는지를 보고해달라고 부탁했지요. 리벳은 이 실험에서 피실험자가 손가락으로 버튼을 누르고 싶다는 생각이 들었다고 믿은 시점보다 약 500ms 전에 피실험자의 두뇌에서 전기 신호가 측정된다는 사실을 밝혀냈습니다. 즉 버튼을 누르고 싶다는 생각에 따라 버튼을 실제로 누르기 전에 두뇌가 이미 먼저 반응을 보인다는 것이었습니다. 이 결과는 리벳을 당황하게 만들었습니다. 리벳은 이 전기 신호에 준비전위readiness-potential라는 이름을 붙여주었습니다. 이 실험의 결과는 명백합니다. 우리가 어떤 행위를 할지 혹은 어떤 선택을 할지 의식적으로 판단을 내리기 이전에 두뇌가 먼저 결정을 내린다는 것입니다. 우리의 행위나 선택은 실제로는 1.3kg 남짓한 회색의 물질덩어리가 내린 것입니다. 나 자신은 사실 두뇌가 만들어낸 어떤 허상에 불과하며, 내가 자유롭다는 의식적 자각은 착각에 불과합니다. 유전적·환경적 요인들은 우리가 기억하지 못할 만큼 초기에 우리의 뇌에 이미 영향을 끼칩니다. 따라서 우리는 우리의 유전적 그리고 기질적인 한계를 결코…."

그때였다. 꼿꼿하게 앉아서 듣고 있던 비트겐슈타인이 "헛소리! 헛소리할 거면 나가시오!"라고 투덜거리듯 말했다. 일순간 로스는 당황한 듯 멈추었고, 방 안은 소란스러워졌다. 왓슨도 당황해서 스윈번 경을 쳐다보았다.

"비트겐슈타인 씨 지나친 표현은 삼가주십시오. 우리는 콜로키움을 하기 위해 모였습니다. 발표자에 대한 예의를 갖추십시오." 스윈번 경은 나지막하지만 권위가 느껴지는 목소리로, 여전히 불만에 가득 찬 채로 앞에 앉아 있는 남자에게 말했다.

"나는 더 이상 못 듣겠습니다. 질문 몇 개만 하겠습니다. 그리고 스스로 나가겠습니다."

스윈번 경은 왓슨에게 이 남자의 부탁을 들어주라는 신호를 보냈다.

"좋습니다. 로스 씨께서 허락해주신다면, 비트겐슈타인 씨의 질문을 몇 개 받아보겠습니다." 왓슨이 그렇게 말하자, 로스는 "네, 좋습니다"라고 말했다.

그러자 꼿꼿하게 앉아서 쏘아보듯 응시하고 있던 이 남자는 이때를 기다렸다는 듯 강한 독일어 악센트로 질문을 던졌다.

"당신은 나를 경멸했소. 지금까지 나를 힘들게 해온 고뇌의 순간들을 당신은 고작 손가락 하나 까딱하는 순간으로 바꿔치기 하고 있소."

"아닙니다. 저는 당신을 경멸한 적이 없습니다. 제 발표는 어디까지나 인간 일반에 대한…."

"인간 일반은 또 무슨 말이란 말이오? 당신이 거기 있고 내가 여기 있다는 걸로 끝난 것이오. 로스 씨, 나는 지금까지 말에 채찍질을 해본 적이 없소. 내가 말에게 채찍질을 할 권리가 있는지에 대해서 여전히 숙고 중이기 때문이오. 나의 이 숙고가 손가락으로 버튼을 누르는 일과 비교할 수 있단 말이오? 오 세상에…."

로스는 침착하게 말했다. "비트겐슈타인 씨, 가령 당신의 기질에 대해 생각해보십시다. 이런 당신의 기질은 당신이 숙고한 결과로 획득한 것입니까? 아니면 어떤 물리적인 인과적 과정을 거쳐 무의식적으로 형성된 결과입니까?"

"나는 신이 아니오. 나는 나의 생물학적 조건을 모조리 창조해낼 수 없다는 말이오. 그러나 이로부터 내가 자유로운 선택을 할 수 없다는 결론이 나올 수는 없소."

"당신은 주장만 할 뿐 근거를 말하고 있지 않습니다. 비트겐슈타인 씨, 자신이 자유롭다는 근거는 무엇입니까?"

비트겐슈타인은 자리에서 일어났다. 회원들은 다소 불안했지만, 결코 허튼 소리를 하는 것 같지는 않은 그 남자의 말을 계속 듣고 싶어 했다. 비트겐슈타인은 턱을 만지작거리며 벽난로 앞쪽을 서성거렸다. 그 모습은 초조하거나 불안해하는 모습이라기보다 순간적으로 집중력을 끌어올리려는 종교적 의식에 가까웠다.

"나는 제2차 세계대전 때 전장에 투입되었소. 끔찍한 전투가 벌어지기 전날 밤 나는 부모에게 편지를 쓰고 있는 한스라는 소년과 대화를 나눌 수 있었소. 그 아이는 부끄러움이 많고 나서기를 싫어하는 소극적인 사람이라고 자기 자신을 소개했소. 나는 그 소년에게 왜 이 무섭고 두려운 곳에 왔는지 물었소. 그는 다음과 같이 말했어요. '부모님은 반대하셨습니다. 하지만 저는 밤마다 스스로에게 물었지요. 왜 군인으로 참전해야만 하는지에 대해서요. 그리고 결론을 얻었습니다. 한 독재자가 총과 대포로 세상을 지배하도록 방관해서는 안 된다고요. 악이 세상의 권력을 잡도록 눈감고 있으면 안 된다고요. 그래서 저는 자발적으로 참전을 하게 된 거랍니다.' 지금도 그 소년의 눈빛과 목소리는 내 머릿속을 떠나지 않고 있다오. 새벽녘의 기습적인 폭탄 투하로 사지가 찢겨져 죽은 그 소년의 모습도 말이오. 그렇소. 기질은 우리에게 어떤 마찰력과 같아서 우리가 뭔가를 선택할 때 힘을 발휘하지. 하지만 로스 씨, 중요한 건 그 마찰력을 견디며 우리는 앞으로 나아갈 수 있다는 사실이오. 삶에서 드러나는 우리의 숙고와 그 결과가 당신이 말하는 실험에는 전혀 반영되어 있지 않소. 따라서 우리는 결코 자유롭지 않다는 당신의 주장은 헛소리에 불과한 것이란 말이오."

방 안에는 침묵이 흘렀다. 벽난로에서는 불길이 이글거렸고, 창문 밖에는 여전히 많은 눈이 내리고 있었다. 비트겐슈타인은 여전히 미간을 찌푸린 채로 이리저리 걷고 있었다. 그는 주위 사람들이 자신을 어떻게 생각하는지에 대해서는 도무지 관심도 없는 사람인 듯 보였다. 왓슨은 그제야 "그는 마치 어디선가 갑자기 등장해서 어설픈 생각을 하고 있는 사람들에게 독이 발린 화살과 같은 질문을 퍼붓고 유유히 사라지는 원시인 같다고나 할까"라는 스윈번 경의 말이 농담이 아니라 진담이었음을 깨달았다.

그러나 로스는 쉽게 물러서지 않았다. 로스는 발표문을 접어 양복 안주머니에 찔러 넣으며 말했다.

"당신은 숙고라는 행위가 마치 이 세계가 아닌, 천상에서 떨어지기라도 한 것인 양 생각하고 있네요. 하지만 숙고 역시도 두뇌의 작용입니다. 무언가를 볼 때나 맛볼 때와 마찬가지로 숙고를 할 때에도 신경 세포들은 전기 신호를 주고받지요. 물론 숙고를 할 때 특히 활발해지는 대뇌의 부위들이 있습니다. 한스의 일에 대해서는 유감입니다. 그의 용기는 높이 평가해야 마땅합니다. 그러나 숙고의 과정이 어디까지나 두뇌 작용으로 인해 가능하다면, 그 결과 역시 이전의 수많은 원인들에 의해 일어난 자연스런 결과에 불과하지 않을까요? 게다가 일상에서 숙고의 결과는 우리를 기만하기도 합니다. 가령 가난한 어린아이들을 돕겠다고 자선 단체를 만들었지만 그 이면에는 정치가로서 성공하겠다는 음흉한 야욕이 숨겨진 경우라든지, 하나님께 영광을 돌리고자 찬양 사역자가 되었지만 그 이면에는 사람들에게 관심받기 좋아하는 욕망이 숨겨진 경우를 예로 들 수 있을 것입니다."

"아니요! 당신은 아무래도 직업을 잘못 선택한 것 같소." 비트겐슈타인은 벽난로 옆에 세워진 부지깽이를 집어 들었다. 그리고는 말을 이었다.

"만일 우리의 숙고가 두뇌 과정의 산물에 불과하다면, 즉 우리의 숙고가 이전의 수많은 물리적 원인들에 의해 자연스럽게 나오는 물리적 결과에 불과하다면, 당신이 지금까지 한 모든 주장은 그야말로 헛소리에 불과하게 된다는 사실을 모른단 말이오? 당신이 지금까지 해온 모든 생각과 논증은 얼음이 녹고 꽃이 피는 것과 같은 자연적인 현상에 불과하단 말이오? 그렇다면 당신이 어떤 말을 하든지, 어떤 행동을 하든지, 우리는 그것의 옳고 그름을 평가하지도, 비난하거나 칭찬할 수도 없을 것이오. 책임을 물을 수도 없을 것이오. 누군가가 번개에 맞아 죽었다고 해서 번개를 탓하거나 번개에게 책임을 물을 사람은 우리 중 아무도 없을 테니까요."

"비트겐슈타인 씨, 당신이 저를 부지깽이로 위협하는 행동은 숙고의 결과입니까?" 로스는 다소 격앙된 목소리로 따지듯 물었다. 스윈번 경도 "그 부지깽이를 당장 내려놓으시오"라고 엄한 목소리로 말했다. 비트겐슈타인은 불만에 가득 찬 표정으로 혼잣말로 계속 뭐라고 중얼거리면서 부지깽이를 내려놓자마자 외투를 들고 방을 나가버렸다.*

* 비트겐슈타인과 로스의 이야기는 우리 지구에서 실제로 벌어진 사건이다. "비트겐

당황한 기색의 왓슨은 로스와 함께 스윈번 경에게로 가서 몇 마디 얘기를 주고받았다. 그리고 잠시 후 왓슨은 회원들에게 말했다.

"오늘 콜로키움은 여기서 마치도록 하겠습니다. 그 대신 학회장의 응접실에서 커피를 마시면서 계속 대화를 나누겠습니다. 눈이 많이 오는 날씨에도 발표를 하러 와주신 로스 씨에게 감사드리고, 참석해주신 모든 분께 감사드립니다. 지금 곧 응접실로 이동하도록 하겠습니다."

학회장 안은 웅성거리는 소리로 시끄러워졌다. 일부는 그 예의 없는 남자가 누구냐며 왓슨에게 물어보았으며, 방금 도대체 어떤 얘기가 오고간 것인지에 대해 갑론을박이 벌어졌다. 당황한 기색을 애써 숨기려는 로스는 스윈번 경의 안내를 받으며 응접실로 이동했다.

미로 속에서

"그래서 그 영원한 삶을 꿈꾸는 악마를 잡았는가?"

왓슨은 소파에 몸을 묻고 앉아 태연하게 홍차를 마시는 홈즈에게 똑같은 질문을 세 번 했다. 유난히 추웠던 겨울도 거의 지나고 봄

슈타인의 부지깽이 스캔들"로 불리는 이 사건은 1956년 10월 25일 케임브리지 대학교 킹스 칼리지에서 초청 강사로 초빙된 칼 포퍼에게 그의 발표 내용이 맘에 들지 않던 비트겐슈타인이 부지깽이를 휘두른 사건이다. 이 사건에 대해서는 『비트겐슈타인과 포퍼의 기막힌 10분』(데이비드 에드먼즈, 존 에이디노 지음, 김태환 옮김, 옥당, 2012)를 참조하기 바란다.

이 오고 있었다. 분위기가 차분하게 가라앉은 밤거리에 사람들의 왕래가 많은 이유이기도 하다.

콜로키움이 끝나고 며칠 뒤 왓슨은 우연히 시장에서 만난 레이첼 양으로부터 홈즈가 돌아왔다는 소식을 듣게 되었다. 왓슨은 홈즈가 무사한 것 같아서 다행이라는 생각이 들었지만, 도대체 무슨 꿍꿍이인지 알 수가 없다고 생각했다. 홈즈는 자신이 어디에 갔었으며 무슨 일이 있었는지에 대해서는 한 마디도 하지 않은 채 콜로키움에서 있었던 일을 얘기해달라고 왓슨에게 요구했다. 마지못해 왓슨은 홈즈에게 콜로키움에서 있었던 일과 로스가 발표했던 내용에 대해 상세히 얘기해주었다.

홈즈는 그동안 무슨 일이 있었는지 궁금해하는 왓슨을 진정시켜야만 했다. 악의 정체가 세상에 곧 공개될 거라는 말과 함께. 그 전에 홈즈는 왓슨과 대화하고 싶은 내용이 있다고 했다. 그렇게 두 남자는 불꽃이 이글거리는 벽난로를 사이에 두고 소파에 마주 앉아 대화를 나누기 시작했다.

"왓슨, 내가 지금까지 얼마나 많은 범인들을 잡았는지 잘 알 걸세. 얼마 전 나는 우리가 그렇게 할 수 있기 위해서 어떤 전제가 있어야만 한다는 점에 대해 곰곰이 생각해보았다네. 그것은 바로⋯."

"범인이 범죄행위를 스스로, 자발적으로 해야만 한다는 점 아니겠는가?" 왓슨이 그렇게 말하자, 홈즈는 만족스런 미소를 지으며 왓슨을 칭찬했다.

"이래 봬도 〈인간연구〉에서 나도 나름 존경받는 중견 학자라구!" 왓슨이 말하자 홈즈는 고개를 끄덕이며 인정해주었다.

"그렇다면…범인들은 우리가 범죄행위라고 부르는 어떤 선택을 할 수 있는 능력이 있었다고 해도 되겠지? 범죄행위가 아니더라도 우리는 일상에서 뭔가를 할 수 있는 능력이 있다고 믿고 있지 않은가?" 왓슨은 동의한다는 듯 고개를 끄덕여 보였다. 왓슨은 그동안 자신이 생각해온 바를 홈즈에게 말하기 시작했다.

"내가 생각하기에 자유로운 행위란 것은 자신이 하고 싶은 바를 아무런 방해 없이 할 수 있을 때만 가능한 행위가 아닐까?* 일상에서 이런 일은 너무나 많아서 하나하나 예를 들 수 없을 정도지. 예를 들어 자네는 어떤 사건에 몰두하고자 하는 욕구를 가지고 그 욕구가 아무런 방해 없이 실현될 때 스스로 자유롭다고 느끼지 않겠는가?" 홈즈는 벽난로 쪽을 응시한 채로 왓슨의 얘기를 계속 듣기를 원했다.

"범죄자도 마찬가지 이치가 적용될 걸세. 어떤 범죄행위를 저지르고자 하는 욕구가 있었을 테고 아무런 방해 없이 그 욕구가 실현되었다면, 그는 자유롭다고 느끼겠지. 또한 그 일에서 즐거움을 느낄 테고." 왓슨이 그렇게 말하자 홈즈는 기다렸다는 듯 말을 이어나갔다.

---

* 이 입장은 홉스(T. Hobbes, 1588년-1679), 흄(D. Hume, 1711년-1776)과 같은 철학자, 그리고 철학자이자 신학자인 에드워즈(J. Edwards, 1703-1758) 등이 옹호했던 입장으로 소위 "고전적 양립론"이라고 불린다.

"글쎄…자네의 그 생각이 과연 뭔가를 할 수 있는 능력에 대한 생각일까? 어떤 욕구는 행위자가 스스로 선택하지 않고 자연스럽게 자신 안에 생겨난 것이겠지? 그렇다면 그 욕구에 따라 행동하는 것은 본능에 따라 행동하는 것과 다를 바가 없지 않겠는가?" 왓슨은 콧수염을 만지작거리며 홈즈의 지적을 음미해보았다. "그렇다면 자네는 단지 행위가 자유로운 것과 의지가 자유로운 것이 구분될 수 있다는 말을 하고자 하는 건가?"라고 왓슨이 말했다.

"바로 그렇다네!" 홈즈는 무릎을 탁 치며 말했다.

홈즈는 단지 행위의 자유가 아닌 의지의 자유를 묻고자 했다. 행위의 자유와 달리 의지의 자유는 어떤 것을 할 수 있는 능력이었고 그런 점에서 더 근본적이며 심층적인 자유였다.

"그런데 문제는 그 뭔가를 할 수 있는 능력이 어떻게 해서 가능한가라는 점이네. 자네는 방해받지 않은 욕구 때문이라고 말했지? 하지만 스윈번 경은 신체를 움직이는 영혼 때문이라고 말할 걸세. 또 어떤 이들은…자신의 욕구를 그대로 실현하지 않고 욕구를 충족시킬지 말지를 반성할 수 있는 자기반성이라는 능력 때문이라고 말할 걸세."

왓슨은 의지의 자유가 가능하지 않다고 주장하는 이들이 있다고 덧붙였다. 그러자 홈즈는 그런 주장에 대해 어느 정도 알고 있다고 하면서 다음처럼 말했다.

"의지의 자유를 부정하는 이들 중 어떤 이들은 최근에 심리학자들이 보여준 실험 결과를 경험과학적 증거로 제시하면서 의지가 자유롭다는 느낌은 두뇌가 만들어낸 착각이라고 주장하려 하지. 또 어떤 이들은 지금 현재 자신이 지닌 기질, 성격, 성향 등은 자신이 창조해낸 것이 아니라 이전의 시점에서 자연스럽게 형성된 것이기 때문에 절대로 완전한 의미에서의 자유로운 행위는 불가능하다고 주장하려 하지. 즉 우리는 우리 자신이 스스로 창조하지도 않은 과거의 요인들로 인해 특정한 쪽을 선택하려는 성향을 가지기 때문에 자유로운 존재가 아니라는 생각이지."

"아니, 도대체 자네는 이런 생각을 언제 다 했는가? 자네가 방금 한 말은 최근에 우리 학회 회원들이 논의하고 있는 내용들로 알고 있는데…자네는 모리아티 교수를 잡으러 갔던 게 아니란 말인가?"

왓슨이 동그란 눈으로 묻자 홈즈는 빙그레 웃으며 말했다.

"범인을 꼭 발로 뛰어야만 잡을 수 있는 건 아니라네!"

비트겐슈타인의 정체

레이첼 양이 만들어준 홍차를 마시며, 약속대로 왓슨은 홈즈에게 지난 콜로키움 때 로스와 비트겐슈타인 사이에 있었던 일에 대해 상세하게 이야기해주었다. 신중한 태도로 왓슨의 얘기를 다 듣고 나자 홈즈는 몹시 흥미로워했다.

"비트겐슈타인 씨의 행동이 좀 괴팍하게 보이기는 하지만, 로스의 입장에 대해 아주 날카로운 반론을 보여주었다는 생각이 드는군."

"아…그때만 생각하면 아직도 눈앞이 캄캄해진다니까…어찌나 성격이 불같고 타협할 줄 모르던지…스윈번 경은 도대체 왜 그를 감싸고도는지 모르겠다니까…."

"평범한 사람은 자기보다 나은 사람을 알아보지 못하지만, 재능이 있는 사람은 천재를 즉각 알아보는 법이지 않겠나?"* 홈즈는 웃으며 말했다. 그리고 아직 온기가 남아 있는 홍차 잔을 한 손으로 만지작거리며 말을 이었다.

"내가 보기엔 비트겐슈타인 씨는, 의도적인 행위는 어떤 행위의 이유를 가진다는 점을 지적하고 있는 것 같네. 한스라는 소년의 예는 아주 적절한 듯하구만. 한스가 타고난 소심함에도 불구하고 오랜 숙고 끝에 참전을 결심했을 때에는 그만한 이유가 있었기 때문이라는 것일세. 가령 '왜냐하면 나는 한 독재자가 총과 대포로 세상을 지배하도록 방관해서는 안 된다고 믿기 때문에' 혹은 '왜냐하면 나는 악이 세상의 권력을 잡도록 눈 감고 있으면 안 된다고 믿기 때문에' 등과 같은 믿음이 선택의 이유가 될 수 있겠지. 물론 믿음뿐만 아니라 어떤 욕구도 행위의 이유가 될 수 있을 테고. 비트겐슈타인 씨가 보기에 로스가 언급한, 손가락으로 버튼을 누르는 행위는 행위의 이유를 가지지 않는 측면에서 어떤 의미에서는 아주 단순한 움직임에 불

---

* 코난 도일, 『공포의 계곡』 중에서.

과하고, 이런 단순한 움직임은 우리가 일상에서 행하는 진중한 숙고에 따른 행위를 대표할 수 없다는 거겠지."

"나도 자네 말을 듣고 보니 비트겐슈타인 씨의 생각이 정리가 되는군. 나름의 설득력이 있다는 생각이 드네. 비록 로스를 감정적으로 몰아붙인 점은 지나친 처사였다는 생각에는 변함이 없지만 말이야."

"내가 알기엔 그날 그 장소에 치솜R.M. Chisholm이라는 스윈번 경의 제자가 앉아 있던 걸로 알고 있는데, 아닌가?"

"그걸 어떻게 아는가?" 왓슨은 눈이 휘둥그레진 채로 물었지만, 홈즈는 미소를 지으며 화제를 돌렸다.

"내가 알기로 치솜은 아주 강한 자유의지 개념을 주장하고 있다던데, 대체 어떤 내용인가?"

"아…그렇지. 치솜은 스윈번 경이 누구보다도 아끼는 제자일세. 자기를 능가하는 철학자가 될 거라고 내게 말하기도 했지. 그렇지 않아도, 응접실로 자리를 옮긴 이후 치솜과 로스는 아주 긴 시간 동안 함께 토론했다네. 로스는 우리의 행위나 선택이 이전의 물리적 원인들의 결과일 뿐이므로, 그 결과를 바꿀 수 있는 자유의지가 불가능하다고 보고 있지. 그 증거로 스승인 리벳의 실험 결과를 제시하는 것이고. 즉 우리가 어떤 선택을 할지 의식하기 이전에 이미 우리의 두뇌는 결정을 내린다는 것일세. 뇌가 먼저 결정을 내리고 의식적 자각은 단지 그에 대한 부산물처럼 뒤따라 나오는 것일 뿐. 반면 치솜은 우리가 행위자로서 새로운 형태의 인과적 힘을 행사할 수 있다고 본다네. 물리적 원인과 결과의 사슬을 끊고 의도적인 선택을 할 수 있는 어떤 힘, 그 힘을 행위자 인과력agent causation이라고 부른다네."

"고맙네. 치솜은 아마도 행위자의 행위에 책임을 묻기 위해서는 행위자의 행위가 어떤 외부적 요인이나 원인에 의해서가 아니라 행위자 자신으로부터 연원해야 한다고 생각하고 있을 거야. 즉 행위자는 물리적 원인과 결과의 사슬에서 벗어나 스스로가 원인이 되어 어떤 의도적인 행위나 선택을 할 수 있어야 한다는 것이지. 내가 치솜을 잘 이해했는가?"

"핵심은 잘 파악한 것 같군. 적어도 치솜에게 들은 얘기로 판단하자면 말이지."

"그런데 치솜의 입장에는 생각해봐야 할 문제점이 있다네. 나는 어제 밤늦게까지 침대에 누워 도대체 그 행위자의 인과적 힘이 무엇인지에 대해 생각해보았다네. 물리적 원인과 결과를 끊어내는 그 힘 말일세. 아무리 생각해봐도 그 힘의 정체가 무엇인지 모르겠더군. 치솜에게 있어서 배스커빌 가의 개와 같은 존재라고나 할까."

"음…아마 치솜도 이 개와 친해지고 싶어 하지 않을 텐데…."

"뭐, 가능성이야, 전혀 없지 않다네. 우리가 숙고를 할 때 두뇌 안이 일종의 카오스 상태가 된다고 가정해보세나. 자네도 알다시피, 인간의 뇌에는 천억 개가 넘는 신경 세포가 있고, 100조 개 이상의 시냅스가 병렬적으로 연결되어 있다네. 실로 상상을 초월하지. 우리가 단순하고 반복적인 행동이 아니라 어떤 복잡한 숙고를 할 때면 우리 두뇌 안의 신경 상태는 이전의 단순한 인과적 패턴을 벗어나 어떤 비결정적인 상태가 될 수 있지 않을까? 만일 그렇다면, 이전까지의 인과 사슬은 힘을 잃고 인과적으로 예측할 수 없는 어떤 결과가 나올 수도 있지 않을까?"

"오…그럴듯하네 홈즈, 괜찮은 발상이네." 왓슨이 콧수염을 만지작거리며 감탄해했다.

"하지만 또 다른 문제가 남아 있으니 긴장해야 할 걸세. 이런 상황을 한번 생각해보게나. 자네는 림스비 로일롯 박사를 기억할걸세."

"당연히 기억하고말고. 내 기억이 맞다면, 그는 전도유망한 의사였으나 인도에서 자신의 집사를 살해하여 교도소 생활을 했지. 그리고 영국으로 돌아와 열차 사고로 숨진 자신의 아내가 남긴 유산을 독차지하기 위해 의붓딸 중 한 명을 살해했지. 참…생명의 위협을 느껴 우리를 찾아왔던 헬렌 스토너 양의 그 야윈 모습은 아직도 잊혀지지 않는다네."

"맞아. 다행이 사건이 해결되었고 스토너 양은 어둠 속에서 나올 수 있었지. 그런데 로일롯 박사가 의붓딸을 살해하기 바로 직전의 순간으로 되돌아가 보세. 치솜의 이론과 우리의 가설이 옳다고 가정하고 말이야. 로일롯 박사가 만일 의붓딸을 살해할지 말지를 숙고하는 순간에 직면한다면, 그래서 그의 뇌 안의 신경 상태가 비결정적 상태로 변한다면, 그에게는 적어도 두 가지 가능성이 전적으로 '열려 있게' 될 걸세. 즉 의붓딸을 살해하던가, 하지 않던가. 그런데 이 두 선택지는 너무나 상반되는 성격을 가지고 있네. 한쪽은 살인 행위이지만 다른 한쪽은 그렇지 않으니까. 만일 로일롯 박사가 숙고하기 직전까지의 물리적 조건이 동일하다면, 어떻게 그 동일한 조건에서 이렇게 서로 상반된 결과가 모두 가능할 수 있겠는가? 설령 두뇌 안의 비결정적 상태 때문에 그게 가능하다고 해도, 동일한 사람이 서로 상반된 선택을 모두 할 수 있다는 건 좀 불합리해보이지 않은가?"

"자네 말을 듣고 보니 그렇게 보이는군. 그와 비슷한 상황은 많을 것 같네. 거짓말을 하는 선택과 진실을 말하는 선택, 도둑질을 하는 선택과 자선냄비에 돈을 넣는 선택, 타인을 폭행하는 선택과 넘어진 사람을 일으켜 세우는 선택 등등. 치솜과 우리의 가설이 옳다면, 한 사람이 동일한 물리적 조건 아래서 서로 상반된 선택을 하는 것이 모두 가능하다는 말이군."

"바로 그렇다네, 왓슨. 만일 동일한 물리적 조건 아래서 상반된 선택이 가능하고, 행위자가 그중 어느 하나를 선택한다면, 그건 일종의 우연에 불과하지 않겠는가?"

"하지만 치솜은 행위자가 어떤 인과적 힘을 행사할 수 있다고 생각하지 않는가?"

"만일 두뇌 활동에 의해 우리의 정신적 능력이 가능한 것이라면, 행위자가 발휘하는 어떤 힘도 두뇌 작용의 산물이지 않겠는가? 만일 그렇다면, 숙고의 순간 행위자의 두뇌는 비결정적인 상태가 될 걸세.

이를 초월해서 작용하는 어떤 힘이 있다면…그건 아마도 영혼 같은 존재이겠지. 하지만 영혼을 가정할 때 어떤 문제가 발생하는지에 대해서는 이미 오래전에 대화를 충분히 나누었지."

"참 어렵군. 일상에서 우리 모두는 스스로를 자유롭다고 생각하면서도, 자유의 정체가 도대체 뭔가 묻기 시작하는 순간 무시무시한 괴물이 입을 벌리고 달려드는 듯한 느낌을 가지게 되지. 그렇다면 우리에게 자유로운 행위는 불가능한 건가, 홈즈?"

홈즈는 소파에서 일어났다. 그리고는 아직도 불이 남아 있는 벽난로 쪽으로 걸어갔다. 그리고 턱에 손을 붙인 채 왔다 갔다 하기 시작했다.

"내게 확실한 건, 우선 두 가지네. 첫 번째는 치솜이 믿고 있는 바와 달리, 우리는 우리 행위의 완벽한 원인 제공자가 될 수 없네. 이것은 오직 신만이 가능한 일일세. 우리의 행동은 우리의 유전적·환경적 영향에 의해 아주 이른 시점에 형성된 두뇌의 영향을 받고 있으며, 이 영향으로부터 완전히 자유로울 수는 없다는 말일세. 물론 두뇌는 세월이 흐르면서 변하지만, 우리의 기질이나 성향 등과 같은 기본적인 요소들은 거의 변하지 않지. 그런 점에서 로스는 옳다고 할 수 있네. 두 번째로 확실해 보이는 건 우리가 숙고할 수 있는 능력을 가지고 있다는 점이라네. 곧 다양한 선택지 중에서 자신이 원하는 선택지가 무엇인지 인지하고 반성하며, 다른 선택지와 비교할 수 있는 능력이지. 그리고 어느 한 선택지를 택할 때 그에 상응하는 어떤 이유가 존재한다는 점은 분명해 보이네. 그 이유는 어떤 믿음이 될 수도 있고, 욕구가 될 수도 있지. 또한 이 이유들은 '그를 돕고 싶었기 때문에', '이 돈이 그를 도울 수 있다고 믿었기 때문에'와 같이 언어를 통해 표현될 수도 있네. 이런 점에서 이 이유들은 언어적이면서 개념적인 특성을 갖고 있지. 내 말은…우리는 완벽하진 않지만, 제한적인 자유를 누릴 수 있다는 거야. 선택지에 대해 숙고하고 자신이 원하는 바를 반성하는 능력을 통해서 우리는 다른 동물과 달리 본능적이거나 습관적으로 뭔가를 선택하지 않고, 다른 선택을 할 수 있는 가능성을 갖게 된다는 말일세."

왓슨은 꼬고 있던 다리를 풀면서 말했다.

"홈즈, 듣고 있자니 자네 생각이 비트겐슈타인 씨의 생각과 아주 비슷하군. 비트겐슈타인 씨가 독일어 악센트가 심하게 섞인 영어로 너무나 빠르게 말을 해서 잘 알아듣지 못한 내용도 있지만 말이야."

홈즈는 갑자기 벽난로 옆 부지깽이를 집어 들었다. 그리고는 부지깽이로 허공을 콕콕 찌르며 배우가 연기를 하는 톤으로 말했다.

"인간은 얼마나 위대한 작품인가! 이성은 높고 귀하며 능력은 한계가 없다네. 또한 생긴 모양과 움직임이 틀림없이 확실하여 얼마나 뚜렷한가. 몸의 움직임은 천사와 같고 이해력은 신과 같으니 세계의 아름다움이요 만물의 영장이도다!"

왓슨은 믿을 수 없다는 듯 입을 벌린 채로 소파에서 일어났다.

"설마…자네가…설마…."

그러자 홈즈는 이 순간을 오랫동안 기다렸다는 듯 큰소리로 다음과 같이 외쳤다.

"이히 바르 헤어 비트겐슈타인!"Ich war Herr Wittgenstein!*

왓슨이 대답했다.

"두 바르스트 헤어 비트겐슈타인?"Du warst Herr Wittgenstein?**

왓슨은 더듬거리듯 독일어로 이렇게 말하며 자리에서 일어나 웃음을 터뜨렸다. 홈즈도 배를 잡고 웃음을 터뜨렸다.

홈즈는 〈인간연구〉의 연구 동향이 너무나 궁금한 나머지 단지 왓슨으로부터 전해 듣고만 있을 수가 없어 비트겐슈타인이라는 이름의 특이한 인물을 만들어 스스로 변장하여 모임에 참석하곤 했다고 털어놓았다. 특히 순수한 마음을 가진 스윈번 경과 대화하는 것을 좋아해서 겨울마다 그의 저택을 방문해 신경과학과 철학에 대한 토론을 하곤 했다는 것이다.

"모든 사람은 한 번쯤 다른 인격으로 살고 싶어 하지 않을까? 그것이 범죄만 아니라면, 자신 안에 꿈틀거리는 어떤 예술적·논리적·철학적 충동을 대신 표출해줄 수 있는 그런 인격 말일세. 비트겐슈타인이란 인격은 내게 철학의 상징이었다네. 이젠 그로 변장할 날이 오지 않겠지만…혹시 모르지. 이 넓은 우주 어딘가에 정말 그와 같은

* 내가 비트겐슈타인 씨였다!
** 당신이 비트겐슈타인 씨였는가?

인물이 살고 있을지도."

홈즈는 그렇게 말하며 웬일인지 왓슨에게 어깨동무를 했다. 왓슨은 처음엔 좀 낯설다고 느꼈지만 기분이 나쁘진 않았다.

밤거리를 걸으며 두 남자는 오랜 세월 함께해왔지만 오늘처럼 유쾌하게 대화를 나눈 적이 없었다.

지난 몇 년 동안 두 남자는 새로운 길을 걸어왔다. 처음 시작했을 때는 온통 어둠뿐이었다. 하지만 두 남자는 예전보다 좀 더 밝은 곳에 도달했다고 느꼈다. 그들은 여전히 짙고 깊이를 알 수 없는 어둠이 자신들이 서 있는 길 앞을 버티고 있음을 알았다. 이들은 미로의 어디쯤 서 있는 걸까? 입구를 찾았다 싶으면 이내 막힌 벽이 나오곤 했다.

홈즈는 왓슨과 헤어지기 전에 다음과 같은 물음 하나를 남겼다.

'만일 신이 존재하고 그가 시간의 흐름에 따라 헤아릴 수 없을 만큼 많은 물리적 사건들 중에서 의지적 행위라는 사건을 알아볼 수 있다면, 정확히 어떻게 아는 것일까? 즉 그는 단순한 물리적 사건으로부터 의지적 행위라는 사건을 어떻게 구분하는 것일까?'

왓슨은 분명 어딘가에 입구가 존재할 것이라고 생각했다.

'한참을 헤매었고 또 앞으로 헤매겠지만, 우리는 입구의 근처로 다가가고 있다고 믿는다. 조금씩 예전보다 더 가까이.'

홈즈와 대화하면서 왓슨은 이 사실을 더 확신하게 되었다.

술에 취한 사람들, 술을 마시러 가는 사람들, 밤을 느끼러 나온 사

람들에 이리저리 부딪히며 난생처음으로 서로 어깨동무를 한 두 남
자는 그렇게 사라져갔다.

잠자리에 들기 전 보고서를 쓰려고 책상에 앉았을 때 레이첼 양에게서 전화가 왔다. 그녀는 영원한 삶을 꿈꾸는 악마를 잡았으니 지금 와 달라는 홈즈의 말을 전해주었다. 홈즈에게 가기 전 지난번 홈즈와 나눴던 대화를 정리하고, 그 이후에 자유의지를 주제로 발표된 논문들의 내용을 짧게 정리한다.

지금까지 내가 이해한 바로는 자유의지와 관련하여 크게 세 입장이 있다. 1) 강한 결정론hard determinism, 2) 자유주의 libertarianism, 3) 양립론compatibilism이 그것이다. 강한 결정론은 이 세계가 인과적으로 닫혀 있기 때문에 자유의지는 존재하지 않는다는 입장이다. 반면 자유주의는 이 세계가 인과적으로 닫혀 있지 않기 때문에 자유의지는 존재하며 강한 결정론이 틀렸다고 주장한다. 마지막으로 양립론은 이 세계는 인과적으로 닫혀 있지만 제한적인 의미의 자유의지는 가능하다는 입장이다.

우리 학회에서 강한 결정론을 지지하는 사람은 로스G. Roth, 페레붐D. Pereboom, 스트로슨G. Strawson 등이고, 자유주의를 지지하는 사람은 스윈번 경, 치솜, 해스커W. Hasker, 케인R. Kane 등이다. 지금까지 홈즈가 말한 내용으로 보건대, 홈즈는 양립론을 지지한다고 볼 수 있다. 그리고 젊은 학자 프랭크퍼트H. Frankfurt도 양립론을 지지하고 나섰다.

　로스, 페레붐, 스트로슨은 우리가 자유롭지 않으며 따라서 우리는 우리 행위의 궁극적인 책임자가 아니라고 주장하고 있다. 그들은 범죄자가 그의 범죄 행위에 책임이 있어서가 아니라 단지 그를 사회와 격리시켜야 하기 때문에 감옥에 보내야 한다고 주장한다. 그들은 뇌에 대한 연구 결과를 제시하면서, 의식적인 선택은 착각이고 실제로는 두뇌가 만들어낸 결과물에 불과하다고 주장한다. 특히 스트로슨은 우리는 결코 우리 자신의 행위에 대한 완전한 원인 제공자가 될 수 없다고 주장한다. 왜냐하면 우리가 완전한 원인 제공자가 되기 위해서는 어떤 행위를 하기 이전의 시점에 존재한 모든 물리적인 조건을 스스로 만들어내야만 한다. 그런 식으로 시간을 거슬러 올라가서 모든 물리적인 조건을 직접 형성했어야만 한다. 가령 누군가가 자신이 술을 즐겨 마시는 행위에 궁극적인 책임자가 될 수 있으려면, 술을 즐겨 마시게 만드는 물리적인 조건을 직접 형성했어야만 한다. 그러나 이는 인간에게 불가능한 일이다. 스트로슨은 "우리는 결코 자기원인causa sui이 될 수 없습니다!"라고 외치곤 했다.

　반면 치솜, 스윈번 경 등은 우리는 행위자로서 인과적인 사슬을 끊는 어떤 인과력을 행사할 수 있다고 주장한다. 그래야만 우리는 우리의 행위에 책임을 질 수 있으며, 다른 이의 행위를 평가하고 비난하고 칭찬할 수 있기 때문이다. 그러나 행위자의 인과력은 그 정체가 불

분명하다. 이에 케인은 우리가 숙고를 하는 순간 두뇌 안의 신경 상태는 일종의 카오스 상태가 되어 비결정적인 특성을 갖게 되며, 이전의 인과 사슬의 영향력을 벗어나 예측 불가능한 결과가 도출될 수 있는 가능성이 있다고 주장한다. 홈즈는 이미 이런 가설을 예측했으며 문제점까지 언급한 바 있다. 홈즈는 물리적 조건이 같은데 서로 다른 성격의 행위를 행위자가 동시에 선택한다는 것은 불합리한 것 같다고 지적했다. 물건을 훔치는 행위와 누군가를 돕는 행위가 어떻게 한 사람에게 동일한 물리적 조건에서 가능하단 말인가? 만일 그 사람이 어떤 선택을 내린다면, 그것은 일종의 우연에 불과하지 않겠는가?

프랭크퍼트는 제한된 자유를 우리가 향유할 수 있다고 주장한다. 그 이유는 우리가 욕구에 따라 즉각 행동하는 존재가 아니라, 욕구를 반성할 수 있는 존재이기 때문이다. 즉 그는 우리가 자신의 욕구를 반성해서 그 욕구에 따를지 거부할지를 선택할 수 있다고 생각한다. 홈즈는 우리가 욕구를 반성할 수 있는 능력이 있다는 프랭크퍼트의 생각에 동의하면서도 행위의 이유가 중요한 역할을 한다는 점을 강조한다. 행위의 이유는 욕구일 수도, 믿음일 수도 있으며, 언어를 통해서도 표현된다. 홈즈가 행위의 이유를 강조하는 이유는 행위 이유가 행위자의 선택에 대한 객관적인 평가를 가능하게 해주기 때문이다. 가령 한스는 자신이 참전을 결심한 이유를 언어로 표현할 수 있으며, 우리는 그 이유를 이해하고, 또 그 이유에 대해 평가할 수 있다. 홈즈는 이렇게 행위 이유에 입각해 행할 수 있는 능력을 자유의지의 핵심이라고 보고 있다. 홈즈는 행위의 이유를 이해하고 평가할 수 있어야만 어린아이들로 하여금 더 선한 삶을 살 수 있도록 가르치고 교육시킬 수 있다고 믿고 있는 것 같다.

그러나 내가 홈즈의 생각을 스윈번 경에게 설명했을 때 스윈번 경은 이런 말을 했다. "행위 이유에 대한 홈즈의 생각은 나도 충분히 수긍할 수 있네. 그런데 행위의 이유가 곧 우리로 하여금 무언가를 행위하도록 만드는 힘은 아니지 않겠는가? 행위 이유가 있더라도 그것이 행동으로 연결되지 않을 수도 있네. 어떤 욕구나 믿음을 가지는 것이 곧 내가 무언가를 행하도록 만드는 힘은 아닌 것 같네. 여기에는 어떤 힘이 존재해야만 하는 것 같군."

나는 솔직히 혼란스럽다. 아니, 자유의지에 대해 깊이 골몰해본 사람이라면 누구나 나와 같은 상황에 처하게 된다. 홈즈가 말했듯이 미로에 빠진 느낌 말이다. 강한 결정론이라는 입구를 따라가면, 자유의지의 문제가 해결될 것 같다가도 다시 막힌 벽에 맞닥뜨린다. 자유주의나 양립론 역시 마찬가지다.

홈즈는 자신이 만일 신을 믿게 된다면, 그 이유는 신의 지적인 완전함 때문일 것이라고 말했다. 만일 신이 존재한다면, 그는 우리가 처해 있는 미로를 어떻게 볼까? 그는 입구가 있다는 것을 알까? 아니, 입구는 존재할까? 그에게 미로는 도대체 존재하기나 하는 걸까? 아니면 지적으로 한계를 가지고, 언어가 일으키는 온갖 착각에 빠져 허우적거리는 우리에게만 존재하는 미로일까?

해밀턴 목사에게 보낸 홈즈의 편지

해밀턴 목사에게

세월이 많이 흘렀군요. 당신이 제 방에 불쑥 찾아온 그날로부터 말이지요.* 당신은 나이가 많이 든 노파의 모습으로 찾아왔었지요. 그리고 우리는 얼마 뒤 라이헨바흐 폭포에서 또다시 만났구요. 그 노파가 당신이 아니라는 사실을 알기까지 아주 오랜 시간이 필요했습니다. 저는 그동안 일반인의 상식마저 뛰어넘는 당신의 뒤틀린 욕망과 수법을 알게 되었습니다.

한마디로 당신은 살인 충동에 시달리는 살인광입니다. 그 충동을 이기지 못해 오래전 런던에서 다섯 명의 여성을 살해했지요. 그것도 인적이 드물지도 않은 길거리에서 말이지요. 당신은 죽어가는 그 얼굴들에서 영혼을 보았다고 믿고 있겠지요!

당신은 완전 범죄를 꿈꾸기 위해, 또 강한 신체를 소유하기 위해 한 외과 의사와 함께 두뇌 이식 수술을 했습니다. 당신의 뇌는 교도소에 복역 중이던 한 건장한 남자의 두개골 안으로 이식되

* 코난 도일, 『마지막 문제』 참조.

었지요. 그 남자는 자던 중 쥐도 새도 모르게 끌려가 자신이 무슨 일을 당했는지조차 몰랐겠지요.

물론 이것은 최근에야 알게 된 사실입니다. 이 사실을 알게 되는 데는 다음과 같은 우연한 일들이 있었지요.

저는 라이헨바흐 폭포에서 떨어졌을 때,* 새로운 몸으로 태어난 당신을 처음 보았습니다. 노파와 함께 폭포에 떨어졌지만, 간신히 풀뿌리와 바위를 잡고 살아났을 때 누군가가 의도적으로 무거운 바위를 떨어뜨렸지요. 그때 저는 중절모를 쓴 당신의 얼굴을 엿볼 수 있었습니다.

3년 동안의 잠적 끝에 제가 다시 왓슨에게 돌아와 탐정 일을 시작한 지 얼마 지나지 않았을 때 제가 사는 집 근처 교회에 새로운 목사가 왔다는 소식을 듣게 되었습니다. 어느 날 우연히 길거리에서 새로 왔다는 목사를 보자마자 놀라지 않을 수 없었습니다. 그는 바로 라이헨바흐 폭포에서 내게 바위를 떨어뜨렸던 그 남자였으니까요. 염탐하기 위해서 상담을 빌미로 당신을 몇 번 찾아갔었지요. 그때 저는 당신이 왼손잡이라는 사실과 왼손을 가끔씩 심하게 떤다는 사실을 알아냈지요. 어쩌면 두뇌 이식 수술의 부작용일지도 모를 일이지요. 당신이 왜 목사로 제가 사는 동네에 왔는지에 대해서 저는 아직 알아내지 못했습니다. 하지만 이건 부차적인 문제입니다.

그 무렵 전혀 예상치 못한 일이 벌어졌지요. 모리아티 교수라고 밝

---

* 코난 도일, 위의 책 참조.

힌 자에게 편지가 온 것이었습니다. 그는 거기서 자기가 런던 살인 사건의 살인범이라고 밝히고 있었지요. 하지만 그건 당신의 치명적인 실수였습니다. 저는 그 편지지에 남겨진 잉크 자국을 훑어본 결과, 편지 작성자는 왼손잡이이며 손을 떤다는 사실을 알 수 있었으니까요. 저는 당신이 자신의 실수를 알아차리고 안절부절 못하는 상황에 있음을 간파할 수 있었지요. 왜냐하면 그 편지가 온 이후부터 저는 누군가로부터 미행을 당하기 시작했고, 제가 타던 자동차의 바퀴가 빠지거나 누군가 제 말의 먹이에 쥐약을 섞어놓고 사라지는 일들이 일어나기 시작했기 때문입니다.

제가 말에서 떨어져 다리를 다쳤을 때, 당신은 절호의 기회를 놓치고 싶지 않았을 것입니다. 그래서 한밤중 몰래 저의 방으로 들어온 것이었고. 순진한 레이첼 양은 새로 온 목사님을 의심할 리 없었을 테지요. 하지만 때마침 왓슨이 저를 찾아오는 탓에 당신은 절호의 기회를 놓치게 되었지요. 물론 저는 등 뒤에 권총을 숨긴 채로 당신을 맞이했습니다.

모리아티 교수이자 해밀턴 목사님, 이제 당신의 사악한 범죄는 끝이 났습니다. 저는 당신이 저지른 범죄에 대한 충분한 증거를 갖고 있습니다. 경찰이 뇌 이식 수술이 가능하다는 걸 이해하는 데에도 그리 많은 시간이 걸리지 않을 것입니다. 당신은 제가 형이상학에 골몰하는 것을 비아냥거렸지요. 그러나 바로 그 형이상학이 이제 당신의 손목에 수갑을 채울 것입니다. 신체는 바뀌었지만, 당신은 자기 자신이 이전의 자기 자신과 동일한 사람이라는 것을 정확히 알고 있습니다. 그건 해밀턴 목사라는 이름으로 살고 있지만, 예전의 살인 행위를 정확히 기억하고, 심지어 자신의 행위를 정당화하고 있는 당신이 보낸 편지가 증명해줍니다. 해밀턴 목사는 두뇌 이식 수술을 받기 전의 모리아티 교수와 동일한 사람이므로, 당신은 이전의 범죄에 대해 책임을 져야 합니다. 또한 당신은 자신의 행위를 평가할 수 있는 능력을 갖고 있습니다. 당신은 편지에서 "나는 나의 자발적이면서도 구속받지 않는 자아의 진지한 성찰 끝에"라고 썼습니다. 당신은 스스로 당신이 행하는 모든 행위에 대해 평가하고, 진지한 숙고 끝에 선택을 결정하는 능력을 갖고 있음을 밝히고 있습니다. 즉 당신은 스스로 자신이 저지른 범죄 행위는 술에 취해 폭행을 저지른 우발적이고 의도하지 않은 행위가 아니라, 계획적이며 자발적인 행위였음을 밝히고 있는 것입니다.

당신은 편지에서 당신을 잡지도 못하는 형이상학 따위는 내다버리라고 말했습니다. 그러나 이 편지를 읽을 때쯤, 런던의 중무장한 경찰들은 당신의 거주지를 포위하고 있을 것입니다. 이렇게 형이상학은 당신을 마침내 잡고야 말았습니다. 나의 형이상학이 악을 이겼습니다!

당신의 오랜 친구 홈즈로부터.

에필로그: 홈즈는 미래를 본다

- 1 -

모리아티 교수? 해밀턴 목사? 솔직히 그를 뭐라고 불러야 할지 모르겠다. 언젠가 이 글을 혹시라도 읽게 된다면, 내가 느끼는 혼란스러움에 대해 양해를 구하는 바다.

홈즈가 모리아티 교수를 잡았다는 소식은 나로 하여금 몇 달 동안이나 잠을 이루지 못하게 만들었다.

한밤중 무장한 열한 명의 경찰들이 해밀턴 목사가 거주하는 교회를 급습했을 때 교회와 교회 옆 사택은 텅 비어 있었다. 하지만 귀가 예민한 경찰 한 명이 예배당 안 책장 앞에 깔린 카펫을 들춰내자 수상한 나무 덮개가 모습을 드러냈다. 그 덮개의 틈으로 희미하게 울부짖는 소리와 괴상한 음악 소리가 새어 나오고 있었다. 현장에 있던 경찰들은 뭔가 굉장한 일이 그 안에서 벌어지고 있음을 본능적으로 느낄 수 있었다. 덮개를 열자 오래되긴 했지만 제법 튼튼해 보이는 나무 계단이 나왔고, 나무 계단을 내려가자 어두컴컴한 통로가 나왔다. 오랜 시간에 걸쳐 누군가가 인위적으로 땅굴을 만들어놓았던 것이다. 동굴 안의 텁텁한 공기와 고대 세계에서나 연주되었을 법한 괴이한 음악 소리, 그리고 도살당하는 동물들의 비명 같은 소리에 열한 명의 경찰들은 극심한 불안과 공포를 느꼈다. 그러나 통로 끝에 펼쳐진 광경을 보고는 모두가 경악을 금할 수 없었다.

그때 열한 명의 경찰들이 목격한 내용은 너무나 잔인하고 상식을 벗어난 것이기에 언론에 보도되지는 않았다. 다만 해밀턴 목사가 고대 밀교의 교주였고 범죄자 출신의 신도들과 함께 동물의 피로 의식을 치르다가 적발되었다는 내용만 공개되었다. 물론 나와 홈즈는 해밀턴 목사로 불리는 모리아티 교수가 고대 오르페우스교의 이단인 검은 오르페우스교의 교주였다는 사실을 경찰 관계자로부터 전해 들었다.

검은 오르페우스교는 오르페우스교의 정통 교리인 영혼 불멸과 윤회 사상 그리고 금욕을 통한 영생을 받아들였지만, 더러운 죄를 지은 인간들을 제거하는 임무를 수행하는 자들의 영혼만 불멸하며 그들이 죽인 인간들의 영혼은 식물이나 동물로 다시 태어난다는 이단적 교리를 믿고 있었다. 실제로 동굴 안에서는 수많은 유골이 발견되었으며, 다섯 명의 희생자는 살아 있는 상태에서 교주의 선택을 받은 검은 개들에 의해 신체의 일부가 뜯겨지는 잔인한 고문을 견디고 있었다. 피해자들은 모두 런던 일대에서 사라진 실종자였다. 경찰이 발견한 살인 명단에는 셜록 홈즈의 이름이 맨 위에 올라 있었다! 또 하나 중요한 사실이 있다. 모리아티 교수가 두뇌 이식을 했던 이유는 영생을 위해서가 아니라 더 많은 살인을 저지를 목적으로 자신의 신분을 감추기 위해서였다.

죽은 줄만 알았던 모리아티 교수의 정체가 언론을 통해 드러나자 사람들은 충격에 빠졌다. 오래전 런던을 공포로 몰아넣었던 살인마 잭 더 리퍼 역시도 실은 모리아티 교수였을 줄 그 누가 상상했을까!

홈즈는 모리아티 교수가 검은 오르페우스교와 관련이 있었다는 점은 알지 못했지만, 비범한 추리 능력으로 모리아티 교수가 잭 더 리퍼이며 두뇌 이식이라는 괴이한 방법을 통해서 해밀턴 목사로 신분을 감춰 살고 있음을 밝혀냈다. 검은 오르페우스교 사건을 통해 홈즈는 불멸의 명성을 얻게 되었다.

물론 일반인들은 눈치 채지 못했을 것이다. 홈즈가 몇 년 동안 철학자로 활약했다는 사실을!

- 2 -

내가 홈즈를 다시 만난 건 검은 오르페우스교 사건 이후 2년이 지난 뒤였다. 그 사건 이후 홈즈는 말없이 영국을 떠났다. 그는 노르웨이의 산골 마을에 오두막집을 짓고 은둔 생활을 하고 있었다. 나는 여름 휴가를 홈즈와 함께 보내기로 작정하고 먼 여행길에 올랐다.

아래로는 계곡 물이 시원하게 흐르는 산비탈 위에 홈즈의 오두막집이 마치 그림처럼 서 있었다. 어두컴컴한 마구간에서 말을 위해 건

초를 준비하는 홈즈의 모습을 보자마자 오랜 친구에 대한 막연했던 걱정이 일순간 말끔히 사라졌다.

우리는 계곡 물이 콸콸 흘러내려가는 소리와 뻐꾸기 울음소리를 들으며 밤늦도록 즐겁게 대화를 나눴다. 스윈번 경이 〈인간연구〉에 홈즈가 큰 영향을 미쳤다는 얘기를 회원들에게 털어놓았기 때문에, 홈즈를 만나고자 하는 이들 중에는 철학자들과 신경과학자들도 있었다. 하지만 홈즈는 그런 얘기에는 별다른 관심을 보이지 않았다. 다만 레이첼 양이 결혼했다는 소식에는 짧은 미소를 보였다. 홈즈가 레이첼 양에게 이성적인 관심이 조금도 없었던 게 틀림없어 보였다.

홈즈는 독백을 하는 연극배우와 같은 목소리로 다음처럼 말했다. 나는 그 목소리를 얼마나 그리워했던가!

"한밤중 홀로 등불을 켜고 앉아 생각했지. 남는 건 내가 해결했던 사건들이 아니더군. 눈에 보이는 것들 저 너머에 있는 근본적인 문제들만 여전히 남아 있었지. 그들을 내가 잡아야 할 범인이라고 비유한다면, 그들을 잡을 수 없을지도 모른다는 생각에 만감이 교차한다네."

홈즈가 했던 이 말은 결코 잊을 수 없을 것이다. 탐정으로서의 홈즈와 철학자로서의 홈즈, 이렇게 두 인격이 존재했던 것이 아니라 오직 마르지 않는 지적인 열망을 가진 한 사람이 있을 뿐이었다.

그곳에 사흘 동안 머물면서 홈즈와 나눈 대화 중 가장 인상 깊었던 내용은 인간의 미래에 대한 것이었다. 그는 최근에 인간의 미래에 대해 많은 생각을 했다고 말했다.

"세상은 너무나 빨리 변하고 있다네. SF 소설가들이 책상에서 상상했던 일들이 조금씩 현실이 되어가고 있어. 카렐 차페크의 『로섬의 만능 로봇』*을 읽어보면…언젠가는 인간처럼 생각하고 행동하는 인공지능이 장착된 로봇이 등장할 수도 있을 걸세. 그리고 인공 기기를 우리의 신체와 연결시키거나 신체의 일부를 기기로 대체해서 신체적 능력이나 정신적 능력을 지금의 그것과는 비교할 수 없을 정도로 끌어올리는 일이 가능해질지도 모르겠군."

모리아티가 두뇌 이식 수술로 신체를 바꾸어 신분을 위장했다는 사실을 생각해보면, 홈즈의 상상이 결코 상상만으로 끝나지 않을 것도 같았다.

그는 두 가지 중요한 지적을 했다. 첫 번째는 사람과 같이 생각하고 행동하는 로봇이 등장할 수 있을지를 생각해보기 위해서는 인간을 먼저 알아야 한다는 점이다. 두 번째는 인공 기기가 인간의 신체 일부를 대체하거나 이 둘이 결합된다면, 생물학적 유기체와 인공물 사이의 경계가 약해지거나 심지어는 사라질 것이라는 점이다.

"만일 인간과 같은 로봇이 등장하고 인간과 인공물 사이의 경계가 흐려진다면, 인간만의 고유함은 사라지게 되는 것일까? 인간에

---

* 우리 지구에서 로봇이란 용어는 1920년 카렐 차페크가 쓴 『로섬의 만능 로봇』에 최초로 등장한다.

대한 전통적인 이해가 수정되어야 하는 것일까?"

홈즈는 우리가 속한 문명권에서 전통적으로 인간은 자기의식을 가지고 의지적 행위를 할 수 있는 존재로 이해되어왔다고 생각한다.* 자기의식은 내가 나임을 아는 의식, 이 느낌, 이 생각 등과 같은 마음의 상태가 나의 것임을 아는 의식을 말한다. 만일 자기의식이 없다면, 자신이 행위를 한 의도를 자신의 의도로 알 수 없기 때문에 그 행위에 책임을 물을 수 없을 것이다. 그래서 홈즈는 다음처럼 의미심장한 얘기를 했다.

"어쩌면 내가 수많은 범인을 잡을 수 있었던 이유도 전통적인 인간 이해를 암묵적으로 옳다고 생각했기 때문일 걸세. 누군가가 범죄 행위를 저질렀지만, 그것이 자신의 행위임을 모르거나 자신의 의지에 의해서가 아니라 누군가의 강요 등에 의해 발생한 사건이라면, 나는 그가 범인이라는 생각을 단념해야 할 걸세."

---

* 독일의 철학자 파우엔(M. Pauen)은 『인간이란 무엇인가?』(*Was ist der Mensch?*, DVA, 2007)에서 전통적 인간 이해는 자기의식, 자유의지를 핵심 요소로 갖고 있으며, 신경과학의 발전은 전통적 인간이해와 마찰을 일으키지 않는다는 자신의 입장을 옹호한다. 신경과학은 영혼이나 신에 대한 가정을 끌어 들이지 않고, 어떻게 인간이 자기의식을 가지고 의지적 행동을 할 수 있는지에 대한 설명을 제공해주기 때문에 신경과학과 전통적 인간 이해는 상호보완적 관계를 맺을 수 있다는 것이다.

우리는 밤새토록 인간의 미래에 대해서 얘기했다. 홈즈의 좁은 오두막에는 그 흔한 탁상시계도 없었고 주위에는 인적이 드물어 시간이 얼마나 지났는 지 알기 힘들었다. 시간은 자연이 들려주는 세밀한 음성과 같은 것이었다.

나는 전통적인 인간 이해도 불변하는 것은 아니라는 생각을 고수했다. 인간은 자연 내의 한 종으로서 수많은 시간을 거쳐 진화된 결과물에 불과하다. 종적 특성이란 것은 늘 변해왔으며 또 변화될 것이다. 인간만이 가지는 어떤 불변하는 특징, 본질적 특징이 있다는 생각은 믿기 힘들었다.

"흘러가는 강물을 한번 생각해보게나. 우리의 논의는 마치 강물에는 오직 끊임없이 변화하는 물의 흐름만 있는 것인지 아니면 물결의 어딘가에 어떤 고정된 지표가 존재하는 것인지의 문제와 비슷해 보이는군."

홈즈의 표현대로라면 나는 흘러가는 강물만 인정하는 셈이 된다. 진화적인 이유뿐만이 아니다. 인공 기기와 인간의 신체가 결합되거나 신체의 일부가 인공 기기로 대체된다면, 인간과 인공물의 경계는 흐려지거나 사라질 것이다. 그렇게 된다면, 우리 인간은 뭐랄까⋯ 인간 이후의 인간이 되는 것은 아닐까? 내가 이 생각을 말하자 홈즈는 "인간 이후의 인간이라⋯재밌는 표현이군"이라고 말하며 흡족한 표정을 지었다.

전체적으로 홈즈는 수많은 시간에 따라 인간 종이 진화되어 다른 생물학적 특성을 지니게 된다고 할지라도 지금 우리가 도달한 문명의 토대는 쉽게 흔들리지 않을 거라고 예측했다.

"설령 인간이 언젠가 작은 날개를 갖게 되어 하늘을 일시적으로 날 수 있다고 해도, 혹은 지금보다 평균 시력이 훨씬 약해지거나 훨씬 좋아지게 된다고 하더라도, 민주주의의 가치나 자신의 행위에 책임을 져야 한다는 원칙 등은 쉽게 변할 것 같지는 않은데?"

인간과 기계의 물리적 경계가 희미해지는 경우에 있어서도 홈즈는 지금과 같은 자기의식을 갖고 있는 한, 인간은 숙고하고 반성하며 죄책감이나 부끄러움을 느끼고 자신의 행위에 책임을 질 수 있는 존재라는 사실에는 변함이 없을 거라는 예측을 내어놓았다.

"아무리 생각해도 기술의 발전은 인간 이해에 어떤 혁명도 불러오지 못할 것 같단 말이지…."

홈즈의 말을 듣고 있자니 내 입장이 흔들렸던 것은 사실이었다. 하지만 나는 자기의식이 인간에게만 있는 특징이라는 홈즈의 생각에 이의를 제기했다. 어떤 동물 심리학자가 침팬지의 미간에 빨간 물감을 묻힌 다음 거울을 보여주었다.* 그러자 그 침팬지는 미간에 빨간

---

* 미국 뉴올리언스에 있는 툴레인 대학교 심리학 교수인 갤럽(Gordon G. Gallup)은 이 거울 인지 실험의 결과를 1970년 *Science* 167호에 "침팬지: 자의식"(Chimpanzees: Self Recognition)이란 논문으로 발표했고, 곧 이 논문은 전 세계

물감이 묻어 있다는 사실을 확인하고는 물감을 지우려고 했다. 이런 실험 결과는 무엇을 암시하는가? 침팬지에게도 자기를 자기로 인지하는 자기의식이 있다는 사실을 보여주는 증거가 아니겠는가? 그렇다면 전통적인 인간이해는 수정되어야 하는 게 아니겠는가? 자기의식은 인간만의 고유한 능력이 아니게 될 것이기 때문이다.

그러나 나의 이런 지적에 대해서 홈즈는 조심스럽게 다음처럼 말했다.

"동물의 마음에 대해서 우리가 알고 있는 것보다 모르는 게 더 많을지도 모른다네. 하지만 거울 인지 실험을 통과했다는 것이 곧 인간이 가지고 있는 고도의 자기의식을 갖고 있음을 의미하는지에 대해서는 여전히 회의적이라네. 인간이 가진 자기의식은 자기와 세계에 대한 개념적인 이해와 맞물려 있지. '나'라는 개념을 통해서 10년 전의 인물과 지금의 인물이 동일한 인물임을 이해할 수 있는 능력은 인간에게밖에 없지 않을까? 게다가 모든 침팬지가 거울 인지 실험에 통과한 것도 아니라서 그것을 그 종의 일반적인 특징이라고 말하기도 힘들고. 결정적으로…선천적으로 자기 얼굴을 알아보지 못하는 안면 인식장애를 가진 사람도 고도의 자기이해를 갖고 있음이 확인되었다네. 이건 무얼 말해주겠는가? 단순히 거울 인지 실험에 통과했다는 것만으로는 고차원적인 자기의식을 갖고 있음을 말해주지 못

적으로 주목을 받았다.

한다는 걸세. 겉모습만 인지할 수 있어도 거울 실험은 통과할 수 있을 테니까."

홈즈는 침팬지나 까마귀, 돌고래 등과 같은 고도의 지능을 가진 종들이 우리가 생각했던 것보다 더 고도의 자기의식을 가지고 있을 수 있는 가능성이 있다는 걸 완전히 부정하지는 않았다. 게다가 홈즈도 진화 과정을 통해 언젠가는 인간의 생물학적 특징이 변화될 수 있다는 점도 의심하지 않았다. 그래서 그는 온건파의 수장인 베이커 등이 주장하는 "인격"person과 "인간 인격"Human Person 개념을 받아들일지 고민하고 있었다.*

베이커는 인격과 인간인격을 구분한다. 그는 인격을 "강한 일인칭 시점을 가진 존재"로 규정한다. 그 어떤 존재이든 개념적 차원에서 자기 자신을 자기 자신으로 아는 능력만 가진다면, 인격의 지위를 부여받을 수 있다는 것이다. 인간 인격은 "강한 일인칭 시점을 가진 인간 유기체"다. 인격으로서의 인간은 개념적인 차원에서 자신이 누구인지 알며, 자기 자신의 욕구나 소망, 기분 등을 이해하고 표현할 줄 안다. 자연적으로, 자연 내에서 우연하게 생겨났을 이 능력은 참으로 놀라운 능력이지 않을 수 없다. 물리적 입자들로 구성된 우주에서 자기 자신을 자기 자신으로 이해하는 "내면의 창문"이 생겨난 셈이기 때문이다.

* 왓슨의 다섯 번째 보고서 참조.

"인격 개념이 흐르는 강물에 세워진 일종의 지표일 수 있지 않을까?"

만일 인격을 하나의 지표로 받아들인다면 로봇도 인격적 존재, 즉 강한 일인칭 시점을 지닌 존재가 될 수 있는지 여부를 우리는 물을 수 있게 된다. 홈즈는 이 물음에 다음과 같이 말했다.

"왓슨, 만일 로봇이 '나는 당신을 사랑합니다'라고 말한다고 해서, 그는 사랑이라는 체험을 알고 있다고 해야 할까? 만일 사랑에 대한 체험을 할 수 없다면, 그는 '나는 당신을 사랑합니다'라는 말의 의미를 완전히 이해한다고 말할 수 있을까?"

홈즈는 로봇의 물질적 토대가 인간의 그것과 다르기 때문에, 내적 체험 자체가 결여되어 있거나 비슷한 내적 체험을 할 수 없고, 따라서 인간의 언어를 배우는 데 한계를 가질 수밖에 없다고 보는 것 같았다. 그는 로봇은 언어 공동체 내에서 타인들과의 상호 작용을 통해서 언어를 배우고 개념을 이해하는 것이 불가능하다고 생각하는 것 같았다. 한편으로 로봇의 언어가 꼭 인간의 언어와 같아야 할 필요가 있을까라는 생각이 들기도 하지만, 다른 한편으로 내적 체험이 결여된 존재는 고도의 자기반성을 가능케 하는 일인칭 시점 역시 가질 수 없을 것 같기도 하다. 어떤 식으로든지 로봇은 내적 체험을 할 수 있을까? 그런 인위적인 시스템이 개발될 수 있을까? 현재로서는 알 수 없다.

그리고 홈즈는 로봇이 아무리 똑똑해 보인다고 할지라도 "진정

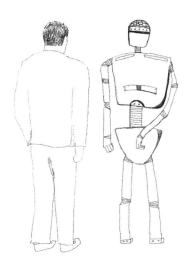

한 지능"을 갖출 수 없다는 의견도 내놓았다. 그는 지능을 생명체가 번식하고 번영하는 데 기여하는 특정한 목적을 가지고 있다고 생각했다. 따라서 인간뿐만 아니라 박테리아조차도 지능을 가지고 있다는 것이다. 그러나 로봇은 인간이 특정한 임무를 수행하도록 만든 인공물이므로, 로봇의 지능은 "진정한 지능"일 수 없다.* 또한 로봇을 움직이게 만드는 장치는 인간이 만든 것이므로, 인간이 의도하지 않았고 예측하지도 못했던 어떤 새로운 능력이 로봇에게 생겨나는 일도 일어나지 않을 것이라고 생각했다. 만일 전쟁에 참전하는 전투 로봇의 오판으로 인한 인명 피해 등 로봇의 잘못된 판단으로 인한 사건사

---

* 이런 입장에 대해서는 이대열, 『지능의 탄생』(바다, 2017) 참조.

고의 경우 그 책임은 전적으로 인간에게 있다는 생각도 덧붙였다.

홈즈의 생각은 너무나 인간중심주의적이지 않은가? 박테리아조차도 지능을 가지고 있다는 점을 인정하긴 했지만, 오직 인간만이 인격적 존재이며 자신의 행위에 책임을 질 수 있는 존재라고 생각하니까 말이다. 아니면 인간 이외의 종들에게도 강한 일인칭 시점이 갖춰지면 인격적 존재가 될 수 있는 가능성이 열려 있다는 점에서 인간중심주의적이라고 할 수 없지 않을까? 분명한 점은 홈즈가 인간이 다른 동물에 비해 우월한 존재라고 생각하지는 않는다는 점이다. 인간의 온갖 추악하고 잔인한 모습을 보았던 홈즈가 인간이 우월한 존재라는 생각에 결코 동의할 것 같지는 않다! 홈즈는 단지 인간과 다른 동물의 차이점을 얘기했을 뿐이다.

홈즈와 대화를 하면서 이틀을 보냈다. 마지막 사흘째는 새벽부터 등산을 했다. 광활한 숲길을 따라 걷고 있자니 모든 걱정과 스트레스가 말끔히 사라지는 듯했다. 좁고 가파른 길을 올라 정상에 다다르자 넓은 바위가 나왔다. 바위 위에서 홈즈와 나는 아득히 멀리 보이는 지평선 너머로 떠오르는 태양을 볼 수 있었다.

"태양은 저토록 분명하게 보이지만, 우리의 미래는 불확실한 것 투성이야."

홈즈와 나는 "인간의 미래"가 어떻게 펼쳐질지를 열린 물음으로 남겨두었다. 크게는 자연 내의 생물 종으로서 인간은 다른 생물학적 특징을 가지게 될 수 있는 가능성에 열려 있다. 더 좁게는 기술의 발전이 인간과 인공물의 경계를 희미하게 만들어놓을 것이다. 또 성패의 여부를 떠나 인간처럼 생각하고 행동하는 로봇에 대한 개발도 언젠가 시작될 것이다. 자연재해도, 전쟁도, 종교도 인간의 지적인 호기심과 새로운 것에 대한 갈망을 꺾지 못했으니까 말이다. 하지만 이런 변화에 직면해서 인간을 자기의식과 의지적 행위 능력을 가진 존재로 인식하는 전통적인 인간 이해에는 근본적인 변화가 일어날까? 아니면 홈즈의 조심스런 예측대로 고도의 자기반성 능력을 보유한 채 자신의 선택에 앞서 숙고하며 자신의 선택과 행위에 책임을 질 줄 아는 인격적 존재로서의 인간상에는 어떤 혁명도 도래하지 않을 것인가?

홈즈와 마지막 인사를 나누면서 나는 왠지 이번 만남이 마지막은 아닐까라는 느낌이 들었다. 하지만 그동안 다하지 못한 얘기를 실컷 나누었기에 가벼운 마음으로 발걸음을 돌릴 수 있었다. 어디로 튈지 모르는 홈즈가 어느 날 갑자기 내 앞에 등장해주기를 바랄 뿐이다.

다음에 이 친구를 다시 만나게 된다면 탐정도 철학자도 아닌 또 다른 모습으로 나타나지 않을까? 홈즈의 오두막집이 더 이상 보이지 않게 되자 남은 생애 동안 우리 앞에 펼쳐질 새로운 인생의 이야기가 은근히 기대되었다.

더 읽을거리

잘 쓰인 심리철학 입문서는 대부분 영어 원서다. 그리고 종류도 제법 많다. 하지만 그중 한국어로 번역된 책은 한두 권에 불과하다. 본서의 목적이 국내 독자들을 위한 입문서인 만큼 한국어 자료를 더 많이 소개하고자 한다.

심리철학 일반 입문서

▸ 김재권, 『심리철학』, 하종오/김선희 옮김, 철학과현실사, 1996.

분석적 심리철학 분야에서 "사건", "수반", "기능적 환원" 등과 같은 개념을 발전시켜 온 김재권이 쓴 입문서다. 전 세계적으로 인정받는 심리철학 입문서의 고전이다. 다만 초심자에게는 다소 난해할 수도 있다.

▸ 신상규, 『푸른 요정을 찾아서: 인공지능과 미래인간의 조건』, 프로네시스, 2008.

이 책은 심리철학의 문제들을 소위 포스트휴먼을 둘러싼 문제의식과 연결시켜 다루고 있다는 점에서 독특하다.

▸ 이안 라벤스크로프트, 『심리철학: 초보자 안내서』, 박준호 옮김, 서광사, 2012.

행동주의, 이원론, 기능주의, 물리주의, 수반 등과 같은 기본적인 입장과 개념들을 쉽게 설명해주고 있는 표준적인 입문서다.

▸ 서울대학교 철학사상연구소 엮음, 『마음과 철학』 서양편 상/하, 서울대학교출판문화원, 2012.

고대의 플라톤부터 현대의 차머스까지 마음의 본성을 탐구한 대표적인 철학자들의 사상을 알기 쉽게 소개해주고 있다. 대개의 입문서들과 달리 현대의 영미 분석철학의 전통에 속해 있지 않은 메를로 퐁티, 라캉, 들뢰즈 등의 사상도 소개하고 있다.

▸ Edward Feser, *Philosophy of Mind A Beginner's Guide*, A Oneworld Book, 2006.

이원론, 물질주의, 의식, 지향성, 인격과 인격 동일성과 같은 주요 입장과 문제들을 평이한 문체로 소개해준다.

▸ Andrew Bailey, eds., *Philosophy of Mind: The Key Thinkers*, Bloomsbury Academic, 2014.

서문에서 심리철학의 역사를 정리하고 있으며, 현대 심리철학의 출발점인 데카르트부터 퍼트남, 포더, 차머스 등과 같은 중요한 철학자들의 사상을 쉽게 소개해준다.

1장 ▸ 행동주의

▸ 이안 라벤스크로프트, 『심리철학: 초보자 안내서』, 박준호 옮김, 서광사, 2012.

이 책의 1부에서 행동주의는 "방법적 행동주의"와 "철학적 행동주의"로 구분되어 소개된다. 심리철학에서 중요한 행동주의는 철학적 행동주의로서 본서의 1장이 그 문제를 다루고 있다.

▶ Edward Feser, *Philosophy of Mind A Beginner's Guide*, A Oneworld Book, 2006.

저자는 이 책의 3장에서 행동주의를 물질주의의 한 입장으로 소개하고 있다.

▶ Gilbert Ryle, *The Concept of Mind*, Hutchinson, 1949.

데카르트의 실체 이원론에 대해서 라일의 그 유명한 "기계 속의 유령"이라는 표현이 등장하는 저서로서 철학적 행동주의를 연구할 때 반드시 언급되는 책이다.

2장 ▶ 환원주의과 속성 이원론

▶ 김기현, 「환원적 물리주의」, 『마음과 철학』 서양편 하, 서울대학교 철학사상연구소 엮음, 서울대학교출판문화원, 2012.

환원적 물리주의를 선도해온 철학자 김재권의 환원론을 알기 쉽게 설명해준다.

▶ 김재권, 『물리주의』, 하종호 옮김, 아카넷, 2007.

기능적 환원 개념과 함께 현대 환원주의의 대표적인 철학자로 인정받고 있는 김재권의 저서다. 초심자에게는 다소 난해할 수 있다.

▶ 한우진, 「의식의 신비」, 『마음과 철학』 서양편 하, 서울대학교 철학사상연구소 엮음, 서울대학교출판문화원, 2012.

현대 속성 이원론의 가능성을 열어 준 데이비드 차머스의 입장을 잘 소개해주고 있다.

▶ 리브 김, 「의식은 신비로운 불꽃인가」, 『뇌과학과 기독교 신앙』, 한국교회탐구센터 편저, IVP, 2016.

의식을 둘러싼 환원론과 속성 이원론 그리고 신비주의의 입장을 간략하게 소개한 글이다.

▶ 이안 라벤스크로프트, 『심리철학: 초보자 안내서』, 박준호 옮김, 서광사, 2012.

1부에서 속성 이원론을 소개하고 있다.

▶ Edward Feser, *Philosophy of Mind A Beginner's Guide*, A Oneworld Book, 2006.

저자는 2장에서 속성 이원론의 문제의식과 기본적인 생각들을 잘 풀어 쓰고 있다.

▶ David Chalmers, *The Conscious Mind*, Oxford University Press, 1996.

속성 이원론을 옹호하고 있는 기념비적인 저서다. 여기서 차머스는 의식을 둘러싼 문제를 "쉬운 문제"와 "어려운 문제"로 구분하고, 현상적 의식은 어려운 문제에 속한다는 점을 설득력 있게 논증하고 있다. 이해하기 쉽지 않지만 현대 심리철학의 필독서 중 한 권이다.

▶ Thomas Nagel, "What Is It Like to Be a Bat?", reprinted in *The Nature of Consciousness* ed. N. Block, O. Flanagan, and G. Guezeldere, The MIT Press, 1997.

네이글을 현대 심리철학 분야에서 가장 유명한 철학자 중 한 명으로 만들어준 논문이다. 여기서 네이글은 박쥐의 신경 시스템에 대한 완전한 지식을 갖고 있다고 하더라도 박쥐의 의식적 경험은 알 수 없다는 사고실험을 보여준다. 이를 통해 의식에 대한 일인칭 시점적 접근과 삼인칭 시점적 접근이 다르다는 점을 주장한다.

▶ Frank Jackson, "What Mary Didn't Know", reprinted in *The Nature of Consciousness* ed. N. Block, O. Flanagan, and G. Guezeldere, The MIT Press, 1997.

네이글의 박쥐 사고실험, 차머스의 좀비 사고실험과 더불어 가장 많이 언급되는 메리 사고실험이 등장하는 논문이다. 잭슨은 이 논문에서 물리적 속성에 대한 지식으로는 파악할 수 없는 속성, 즉 비물리적인 속성이 존재한다는 점을 논증하고 있다.

▶ Joseph Levine, "Materialism and Qualia: The Explanatory Gap", in *Pacific philosophical Quarterly*, vol. 64, 1983.
이 논문에서 레빈은 마음의 상태, 가령 통증과 특정 신경적 상태는 "설명상의 틈"으로 인해 물과 H_2O의 관계와 결코 같을 수 없다는 점을 보여준다.

3장 ▶ 실체 이원론

▶ 플라톤, 『파이돈』, 전헌상 옮김, 이제이북스, 2013.
죽음을 앞둔 소크라테스는 슬퍼하지 않는다. 왜냐하면 영혼이 존재하며 영혼은 불멸한다고 믿고 있기 때문이다. 이 대화편은 영혼의 존재에 대한 소크라테스의 변증으로서, 실체 이원론을 이해하고자 할 때 반드시 읽어야 하는 저서다.

▶ 르네 데카르트, 『성찰』, 이현복 옮김, 문예출판사, 1997.
근대의 기계주의적 세계관의 틀에서 영혼의 존재와 본성을 탐구한 저서다. 데카르트는 이 책을 통해 현대 심리철학의 출발점으로 간주되면서도, 이론적인 난점이 많은 실체 이 원론의 대표적인 지지자로서 많은 비판을 받기도 했다.

▶ 이안 라벤스크로프트, 『심리철학: 초보자 안내서』, 박준호 옮김, 서광사, 2012.
1부에서 실체 이원론을 소개하고 있다.

▸ 김남호, 「창발적 이원론은 데카르트적 이원론을 극복하였는가」, 『인간연구』 제32호, 2006.

이 논문은 데카르트적 이원론뿐만 아니라, 현대의 창발적 실체 이원론이 어떤 난점에 직면해 있는지를 논하고 있다. 실체 이원론은 "인과적 상호작용의 문제" 아니면, "정체성의 위기"에 직면한다는 점을 보여준다.

▸ 김재권, 「외로운 영혼들: 인과성과 실체이원론」, 『철학적분석』 제2호, 2000.

이 논문에서 김재권은 소위 "짝지음 문제"를 통해 실체 이원론이 영혼과 신체 사이의 인과적 상호작용을 설명해주지 못하는 이유가 어디에 있는지를 보여준다.

▸ Richard Swinburne, *The Evolution of the Soul*, Oxford University Press, 1997.

데카르트의 실체 이원론을 향한 현대 과학자와 철학자들의 맹렬한 공격 속에서도 몇몇 철학자들에 의해 실체 이원론의 명맥은 유지되고 있다. 스윈번은 이 저서에서 데카르트의 실체 이원론을 더 정교하게 발전시키고 있다.

▸ William Hasker, *The Emergent Self*, Cornell University Press, 2001.

해스커는 이 책에서 창발 개념을 통해서 창발적 이원론이라는 새로운 형태의 실체 이원론을 선보이고 있다.

▸ Andrea Lavazza/Howard Robinson eds., *Contemporary Dualism A Depense*, Routledge, 2016.

현대 실체 이원론 지지자들의 논문을 엮은 중요한 논문집이다.

4장 ▸ 정신 인과의 문제

▸ 김재권, 『물리계 안에서의 마음』, 하종호 옮김, 철학과현실사, 1999.
정신 인과에 대한 김재권의 강한 물리주의적 입장이 잘 드러나 있다.

▸ 마이클 루, 『형이상학 강의. 전통 형이상학에 대한 분석적 탐구』, 박제철 옮김,
아카넷, 2010.
제6장에서 인과 개념이 상세하게 소개되고 있다.

▸ 이안 라벤스크로프트, 『심리철학: 초보자 안내서』, 박준호 옮김, 서광사,
2012.
3부에서 정신 인과(심적 인과)의 문제를 다루고 있다.

▸ 선우환, 「배제 논변과 심적 인과」, 『김재권과 물리주의』, 하종호 , 김선희, 백
도형, 선우환, 신상규 지음, 아카넷, 2008.
이 논문에서 선우환은 김재권의 배제 논증이 전제하는 인과 개념이 직면하는 문
제점을 지적하고, 루이스의 반사실적 조건문 분석에 기반한 인과 분석을 그 대안
으로 제시한다.

▸ John Heil/Alfred Mele eds., *Mental Causation*, Clarendon Press,
1995.
정신 인과에 대한 중요한 논문들을 엮은 논문집이다.

5장 ▸ 인격 동일성

▸ 김남호, 「인격, 인간인격, 그리고 인격 동일성」, 『인간연구』, 제34호, 2017.

강한 일인칭 시점을 인격의 필요충분조건으로 보는 구성주의적 인격 이론을 옹호하는 논문이다.

▸ **김선희, 『사이버시대의 인격과 몸』, 아카넷, 2004.**
철학 역사상 가장 복잡한 개념 중 하나가 인격(Person)이다. 한국어로 쓰인 입문서나 연구서가 거의 없는 상황에서 이 책은 인격 개념과 인격 동일성의 문제를 깊이 있게 다루고 있다. 인격 동일성의 문제에서 신체의 중요성을 강조하는 저자의 입장이 반영되어 있으나 입문서로도 괜찮은 책이다.

▸ Eric T. Olson, *The Human Animal: Personal Identity without Psychology*, Oxford University Press, 1999.
소위 동물주의의 열렬한 지지자인 올슨의 대표작이다. 이 책에서 올슨은 인격 동일성의 기준을 기억의 지속성에서 찾는 로크의 이론을 비판하며, 살아 있는 인간 유기체를 동일의 객관적인 기준으로 제시한다.

▸ Richard Swinburne, *The Evolution of the Soul*, Oxford University Press, 1997.
영혼만이 인격 동일성의 참된 기준이 될 수 있다고 주장하는 대표적인 저작이다.

▸ Lynne Rudder Baker, *Persons and Bodies: A Constitution View*, Cambridge University Press, 2000.
코코런 등과 함께 소위 구성 관점을 지지하고 있는 베이커의 대표작이다. 여기서 베이커는 인격은 일인칭 시점을 본질적으로 갖춘 존재로, 인간인격(Human Person)을 인간 유기체에 의해 구성된 인격으로 정의한다. 인격 동일성의 기준을 일인칭 시점의 동일성으로 본다.

▸ Marya Schechtman, *The Constitution of Selves*, Cornell University Press, 2007.

셰흐트만은 여기서 한 개인의 삶의 서사적 연속성을 자아의 동일성에 대한 기준으로 제시한다.

6장 ▸ 자유의지

▸ 김남호, 「강한 결정론과 그 대안으로서의 합리주의적 양립론: 자기 진실성과 의도적 선택의 가능성」, 『인간연구』 제33호, 2017.

이 논문은 현대의 강한 결정론을 후험 논변과 선험 논변으로 나누어 검토해보고, 이 두 논변 모두 우리에게 의식적 행위의 가능성을 부정하는 결론에 이르게 하지 못한다고 평가한다. 그 대안으로 "제한된 자유의 가능성"을 설명해주는 합리주의적 양립론을 제시한다.

▸ 피터 클라크, 「의식적 의지의 효능에 대한 신경과학과 심리학의 공격」, 『뇌과학과 기독교 신앙』, 한국교회탐구센터 편저, IVP, 2016.

클라크는 이 글에서 벤야민 리벳 실험으로부터 의식적 의지의 효능에 대한 부정이 도출될 수 없다고 주장한다.

▸ 조나단 에드워즈, 『자유의지』, 정부흥 편역, 새물결플러스, 2017.

18세기 뉴잉글랜드의 목사이자, 신학자, 철학자인 에드워즈의 기념비적인 저작이다. 섬세하고 꼼꼼한 논증을 통해서 에드워즈는 고전적인 양립론의 진수를 보여준다.

▸ Robert Kane, *A Contemporary Introduction to Free Will*, Oxford University Press, 2005.
자유의지 논쟁에 대한 최고의 입문서다. 강한 결정론, 자유주의, 양립론에 대한 상세한 설명뿐만 아니라, 자유의지 논쟁의 주요 쟁점을 흥미진진하게 소개하고 있다.

▸ Robert Kane, eds., *The Oxford Handbook Of Free Will*, Oxford University Press, 2011.
인웨건, 케인, 데넷, 피셔, 오코너 등 자유의지 논쟁에서 중요한 기여를 한 철학자들의 논문을 엮은 중요한 논문집이다.

▸ Alfred R. Mele, *Free: Why Science Hasn't Disproved Free Will*, Oxford University Press, 2014.
벤야민 리벳 실험이 왜 자유의지가 허구라는 사실을 말해주지 못하는지를 설득력 있게 논증하고 있다.

▸ Derk Pereboom, *Living without Free Will*, Cambridge University Press, 2006.
자유의지의 실재성을 부정하고 결정론을 옹호한다. 페레붐은 여기서 자유의지가 실재하지 않는다면, 삶에 대한 우리의 태도가 어떻게 달라질 수 있는지도 논하고 있다.

▸ Gerhard Roth, *Das Gehirn und seine Wirklichkeit*, Suhrkamp, 1994.
독일 브레멘 대학교의 생물학 교수이자 철학 박사인 로스는 이 책에서 최신의 신경과학적 연구 결과를 바탕으로 나의 행위는 곧 두뇌가 일으킨 결과물에 불과하다는 주장을 편다.

▶ Harry Frankfurt, "Freedom of the Will and the Concept of a Person",
in *Free Will*, Gary Watson eds., Oxford University Press, 2003.
데이비드 흄 등이 지지했던 고전적 양립론을 새로운 형태로 발전시킨 프랭크퍼트
의 기념비적인 논문이다.

▶ Robert Kane, *The Significance of Free Will*, Oxford University Press,
1998.
대표적인 형이상학적 자유의지론자인 케인의 역작이다. 이 책에서 케인은 강한
의미에서의 자유의지가 현대 물리학과 신경과학의 연구 결과와 충돌하지 않고도
실재한다는 점을 논증하고 있다.

▶ Roderick Chisholm, "Human Freedom and the Self", in *Free Will*,
Gary Watson eds., Oxford University Press, 2003.
행위자 인과(Agent Causation)를 옹호하는 대표적인 자유의지론자인 치솜의 대표
작이다.

에필로그

▶ **마이클 가자니가, 『왜 인간인가? 인류가 밝혀낸 인간에 대한 모든 착각과 진
실』, 박인균 역, 추수밭, 2008.**
현대 신경과학을 선도한 마이클 가자니가는 이 책의 3부에서 고든 갤럽의 거울
인지 실험의 결과를 둘러싼 회의적인 입장을 잘 설명하고 있다.

▶ **이대열, 『지능의 탄생』, 바다, 2017.**
저자는 이 책에서 지능을 생명체의 기능으로 정의한다. 생명체는 생존과 번영을

추구하며, 지능은 이에 도움을 주는 기능을 맡는다. 이런 관점에서 보면, 인간뿐만 아니라 박테리아 같은 단순해 보이는 생명체도 지능을 가지고 있다고 할 수 있다. 저자는 인공지능은 생명체가 아니므로, "참된 지능"을 갖고 있지 못하다고 지적한다.

▸ **제럴드 에델만,『세컨드 네이처』, 김창대 역, 이음, 2017.**
노벨상 수상자이기도 한 신경과학자 에델만은 이 책의 제2장과 4장에서 의식에 대한 의식, 즉 고차의식(higher-order consciousness)은 인간만이 가지고 있으며, 언어의 출현과 밀접한 연관이 있음을 밝히고 있다.

▸ Lynne Rudder Baker, *Naturalism and The First-Person Perspective*, Oxford University Press, 2013.
구성주의 인격론의 지지자인 베이커는 이 책에서 일인칭 시점을 강한 일인칭 시점과 약한 일인칭 시점으로 구분하며, 강한 일인칭 시점이 어떻게 형성되는지에 대한 설득력 있는 이론을 제시한다.

철학자가 된 셜록 홈즈

현대 심리철학으로의 모험

Copyright © 리브 김 2018

1쇄발행 2018년 3월 20일
지은이 리브 김
펴낸이 김요한
펴낸곳 새물결플러스

편집 왕희광 정인철 최율리 박규준 노재현 한바울 신준호 정혜인
김태윤 이형일 서종원
디자인 이성아 이재희 박슬기 이새봄
마케팅 박성민 조광수
총무 김명화 이성순
영상 최정호 조용석 곽상원
아카데미 유영성 최경환 이윤범

홈페이지 www.holywaveplus.com
이메일 hwpbooks@hwpbooks.com
출판등록 2008년 8월 21일 제2008-24호
주소 (우) 07214 서울특별시 영등포구 양평로 11, 4층(당산동5가)
전화 02) 2652-3161
팩스 02) 2652-3191

979-11-6129-055-3 03100

책값은 뒤표지에 있습니다.

이 도서의 국립중앙도서관 출판예정도서목록(CIP)은 서지정보유
통지원시스템 홈페이지(seoji.nl.go.kr)와 국가자료공동목록시스
템(nl.go.kr/kolisnet)에서 이용하실 수 있습니다. CIP2018007544